学級経営サポートBOOKS

小1担任 パーフェクトガイド

浅野英樹 著

明治図書

まえがき

「いつか，1年生を担任してみたいな」
　教員として働き始めてから，ずっとそのような思いをもっていました。1年生の子どもたちに，まるで宝石の原石のような，キラキラと輝く魅力を感じていたのです。しかし，なかなかその思いが叶わぬまま，10年以上が経ちました。

　ある年の春，ついに1年生を担任するご縁をいただきました。「とうとう1年生を担任できるんだ！」と，うれしくてたまりませんでした。担任する1年生の子どもたちと初めて出会ったときの感動と喜びを，今でもよく覚えています。
　初めての小1担任は，それまでに十数年の教職経験を積んでいたものの，「戸惑い」の連続でした。例えば「朝の支度」一つとっても，それまでの私は「朝の支度なんてできて当たり前。場所だけ指定しておけば，登校してきた子からどんどんやっていく」という認識でいたからです。
　入学式の翌日，登校してきた子どもたちに，「先生，ランドセルはどうするの？」「これ（教科書やノート）はどこにしまうの？」「上着は？」「筆箱は？」と，矢継ぎ早にたくさん質問されました。戸惑って右往左往している子どもたちの姿を見て，「そうか，最初はそれも知らないんだ……」と，頭をガツン！と叩かれたような気持ちになりました。
　「朝の支度」に限らず，学習面においても生活面においても，1年生の子どもたちは全て「0からのスタート」なのだということを実感した出来事でした。学校生活の「土台」を築いていく小1担任としての使命と責任に，背筋が伸びる思いがしました。

　ありがたいことに，私はその後，また1年生を担任させていただきました。

どの年も，1年生の子どもたちと過ごす日々はとても楽しく，充実したものでした。
　今，心から言えることは，「1年生を担任できるのは，とても幸せなことである」ということです。小1担任になった先生方には，ぜひ，弾けるようにキラキラと輝く1年生の子どもたちとの日々を楽しんでほしいと願います。

　本書では，1年生の子どもたちが，スムーズに小学校生活のスタートを切り，学習面・生活面の土台を築いていけるように，そして，本書を手に取られた先生方が，1年生の子どもたちと楽しく充実した毎日を過ごしていけるように，これまでの私の経験をふまえて，1年生への指導・実践をまとめました。一つ一つの指導・実践において，「なぜそういった指導・実践を行うのか」「その指導・実践の根底にはどのような思いがあるのか」という「観」（子ども観・教育観・指導観……）にも触れてあります。ご自身の「観」に照らし合わせながら本書を読み，先生方の指導・実践のヒントになさってください。
　こうして指導・実践をまとめることができたのは，これまでに出会ってくれた子どもたち，そして保護者のみなさま，勤務校や教育サークルの先生方など，多くの方々のおかげです。関わってくださった全ての方々に感謝申し上げます。
　最後になりましたが，本書が一人でも多くの子どもたち，そして先生方の「幸せ」につながることを，心より願っております。

> 小1担任は，子どもたちをいつも温かく照らす「おひさま」であれ。

2019年1月

浅野　英樹

まえがき

1 新しいスタートを応援する！小1担任としての基本姿勢

PERFECT GUIDE

- 01 小1担任としての「使命」 10
- 02 小1担任としての「スタンス」 12
- 03 小1担任の「話し方」のポイント 14
- 04 小1担任の「説明」「指示」のポイント 16
- 05 小1担任の「聞き方」のポイント 18
- 06 「体の不調を訴えてきたとき」のポイント 20
- 07 「トラブルが起こったとき」のポイント 22

2 まずはここから！入学式・始業準備

PERFECT GUIDE

- 01 「幼稚園や保育園との引き継ぎ」のポイント 26
- 02 入学式の「準備の見通し」を立てる 28
- 03 入学式の「準備分担」を伝える 30
- 04 「名前の間違い」を防ぐ 32
- 05 「教室の装飾」のポイント 34
- 06 「配付物のとりまとめ」のポイント 36
- 07 「学年だより第1号」のポイント 38
- 08 「特別支援学級や通級指導教室との連携」のポイント 40

CONTENTS

09 「入学式当日の流れ」を作る　42
10 入学式前日「最終チェック」一覧　44
11 「入学式が始まる前」に１年生に伝えること　46
12 「入学式後の学級活動」のポイント　48
13 「入学した週の週プログラム作成」のポイント　50
14 「６年生児童のお手伝い」のポイント　52

3 これだけはおさえておきたい！１年生への基本指導
PERFECT GUIDE

01 「入学後すぐに」必要な指導は？　56
02 最初は「教えること」がたくさん！だからこそ…　58
03 「朝の支度」の指導　60
04 「靴箱の使い方」の指導　62
05 「荷物のしまい方」の指導　64
06 「トイレ」の指導　66
07 「流し」の指導　68
08 「コース別集団下校」の指導　70
09 「学校からのお手紙」の指導　72
10 「提出物の出し方」の指導　74
11 「休み時間」の指導　76
12 「忘れ物」の指導　78
13 「落とし物」の指導　80

14 「他の場所に移動するとき」の指導　82

15 「保健室や職員室に行くとき」の指導　84

16 「校内放送」の指導　86

17 「学級文庫や掃除道具のしまい方」の指導　88

18 「立ち方」「礼の仕方」の指導　90

19 「座り方」「挙手の仕方」の指導　92

20 「話し方」「聞き方」の指導　94

21 「あいさつ」の指導　96

22 「返事」の指導　98

23 「言葉遣い」の指導　100

24 「鉛筆の持ち方」の指導　102

25 「箸の持ち方」の指導　104

4　1年間の流れをつくる！小1学級システム
PERFECT GUIDE

01 「日直」の指導　108

02 「朝の会」の指導　110

03 「帰りの会」の指導　112

04 「給食」の指導①―グループと役割―　114

05 「給食」の指導②―練習と本番―　116

06 「給食」の指導③―マナーと片付け―　118

07 「掃除」の指導①―掃除場所と役割―　120

08 「掃除」の指導②―準備と練習―　122

09 「掃除」の指導③―本番と片付け― 124
10 「当番活動」「係活動」の指導 126

5 プロセスが大切！1年生への行事指導
PERFECT GUIDE

01 「行事指導」のポイント 130
02 「1年生を迎える会」の指導 132
03 「遠足」の指導 134
04 「運動会」の指導 136
05 「学習発表会」の指導 138
06 「校外学習」の指導 140
07 「校内音楽会」の指導 142
08 「避難訓練」の指導 144
09 「マラソン大会」の指導 146
10 「6年生を送る会」の指導 148

6 よさとがんばりを捉える！1年生との信頼関係の築き方
PERFECT GUIDE

01 子どもの見取りプリント 152
02 子どもたちとの「おしゃべりタイム」 154

03 「あのね帳」 156
04 絵本の読み聞かせ 158
05 休み時間に一緒に遊ぶ 160
06 ちょっとしたスキンシップ 162
07 「学級だより」の読み聞かせ 164

7 不安を解消するコミュニケーションを！
小1保護者対応
PERFECT GUIDE

01 「保護者対応」のポイント 168
02 「連絡帳」のポイント 170
03 「電話連絡」のポイント 172
04 「学級だより」のポイント 174
05 「クレーム対応」のポイント 176
06 「家庭訪問」のポイント 178
07 「個人面談」のポイント 180
08 「授業参観」のポイント 182
09 「保護者会」のポイント 184
10 「通知表」のポイント 186
11 「宿題」のポイント 188
12 「学校内外で保護者と会ったとき」のポイント 190

新しいスタートを応援する！

① 小1担任としての基本姿勢

パーフェクトガイド

 小1担任としての「使命」

1 「小1担任としての使命」とは？

「小1担任としての使命とは？」
このように質問されたら，私は次のように答えます。

> 小1担任としての使命とは，「学校生活や学習の土台」を築くことと，「学校で仲間とともに過ごす楽しさ」を感じさせること。

2 「学校生活や学習の土台」を築く

1年生の子どもたちは，それまで幼稚園や保育園で集団生活をしてきてはいるものの，「小学校」という場での生活は初めてです。当たり前ですが，「小学校はどんなところか」「どのように過ごすのか」「どんな学習をするのか」など，小学校での生活や学習については全く知りません。真っ白の状態です。

そこで，「小1担任」の出番です。小1担任は，1年生の子どもたちに，学校生活や学習に関するあらゆることを，一つ一つ丁寧に具体的に教えていく必要があります。すなわち，「学校生活や学習の土台」を築くことが，小1担任の使命なのです。

③ 「学校で仲間とともに過ごす楽しさ」を感じさせる

　私は，1年生の子どもたちに，「学校で仲間とともに過ごす楽しさ」をたっぷりと感じてほしいと強く願っています。

　では，「学校で仲間とともに過ごす楽しさ」とは，一体何でしょうか。

　学校は，様々な子どもたちがともに過ごす場所です。当たり前ですが，一人一人，考え方や価値観が違います。これまでの成育歴や現在の家庭環境も違います。まさに「多様」で「千差万別」です。

　学校という社会的な場において，このような多様な仲間とともに過ごすことで，自分の成長につながる大きな学びを得ることができます。それは，「自分にはない考え方や価値観に触れたり，よりよい考え方や価値観を発見したりすることができる」ということです。

　学校で多様な仲間とともに過ごすからこそ，こうした学びを得ることができます。一人で家にいたのでは，決して味わうことができません。これこそが「学校で仲間とともに過ごす楽しさ」です。1年生の子どもたちに，この楽しさをシャワーのようにたっぷりと浴びせてあげたいと思っています。

学校生活 ← 土台を築く → 学習

学校での過ごし方，場所の把握，物の使い方，人との関わり方，コミュニケーション，マナー，礼儀，言葉づかい，あいさつ，返事　など

準備と後片付けの仕方，学習のきまり，持ち物，時間，楽しさ，宿題，家庭学習　など

02 小1担任としての「スタンス」

1 小1担任は，子どもたちをいつも温かく照らす「おひさま」であれ

　春の野原を思い浮かべてください。花はきれいに咲き誇り，草木は青々と生い茂り，虫たちはいきいきと活動しています。それはどうしてでしょうか。それは，「おひさま」のおかげです。おひさまが，何物にも分け隔てなく，ぽかぽかと温かくおだやかな光を絶えず注いでいるからです。

　私は，小1担任は，この「おひさま」のような存在であれと思っています。

　1年生の子どもたちは，小学校に入学してきたとき，まだ6歳です。たった6年間しか生きていないのです。当然ですが，人生経験も少なく，知らないことやわからないことだらけです。善悪の判断も未熟です。話す語彙も豊富ではありません。

　そんな1年生の子どもたちを，こちら（教師）の思い通りに動かないからといって，怒鳴ったり脅したりするのは間違っています。1年生の子どもたちは，「しない」「やらない」のではありません。ほとんどの場合，「知らない」「わからない」「できない」のです。

　子どもたちができなくて困っているときこそ，成長のチャンスです。一つ一つ，「これはこうやってやるんだよ」「こういう場合には，こうやって言うといいよ」「こういうときには，どうすればいいかな？」と，丁寧に教えたり，落ち着いて考えさせたりしていくのです。怒鳴ったり脅したりする必要は，全くありません。

　「この先生は，僕のことをわかろうとしてくれる」
　「この先生は，私のことを受け止めてくれる」
　こうした感情は，担任への信頼と安心につながります。信頼と安心は，新

しいことに挑戦したり，目標に向かって努力を続けたりするためのエネルギーです。信頼と安心があるからこそ，子どもたちは前向きな気持ちで様々なことにチャレンジするのです。そして，チャレンジするから，成長していくのです。

> 小1担任は，子どもたちをいつも温かく照らす「おひさま」であれ。

私は，心からそう思っています。

2 必要なときには「毅然とした指導」を

その一方で，「毅然とした指導」も大切です。

先述した通り，1年生の子どもたちは，人生経験も少なく，善悪の判断も未熟です。友達に暴力をふるったり，調子に乗って羽目を外してしまったりすることがあります。そのように，間違っていることやよくないことをしたときは，毅然とした指導を入れていくことが必要です。

「毅然とした」というのは，感情的に怒鳴ったり脅したりすることではありません。その子の成長のために，「〜だから，よくないよ」と，理由を説明してわかりやすく伝え，指導がぶれないことです。

小1担任は，いつもは「おひさま」のように子どもたちを温かく包み込む存在でありつつ，毅然とした指導が必要なときはしっかりと入れていきます。そのようにして，1年生の子どもたちの学習面や生活面での土台を築いていきます。

03 小1担任の「話し方」のポイント

1 話が通じないのは，本当に子どもたちのせい？

「1年生は話が通じない」
「1年生は宇宙人」
　1年生の子どもたちをこのように評する言葉を聞くことがあります。話の内容を理解していなかったり，話と違うとんちんかんなことをしたりするところから，そう言われるのでしょう。確かに1年生の子どもたちは，話を理解するために必要な語彙や体験が少なく，理解力も高いわけではありません。
　しかし，だからといって，「話が通じない」で終わらせてよいのでしょうか。「話が通じない」のは，子どもたちだけに原因があるのでしょうか。
　「話が通じない」のは，ひょっとしたら，教師の「話し方」にも原因があるのかもしれません。小1担任は，まずは自分にベクトルを向け，「自分の話し方」を見つめ直すことが大切です。

2 「1年生への話し方」のポイント

> **A**　これから体育をしに行くので，体操服に着替えて，教室の後ろに背の順で並んで，並んだら座りましょう。

　体育の授業の前に，子どもたちにこうした指示を出すことがあると思います。ぜひ音読してみてください。これを一気に話されたら，理解しにくいと思いませんか。

これは，一文の中に，「体育をしに行く」「体操服に着替える」「教室の後ろに背の順で並ぶ」「並んだら座る」という４つもの指示が一度に入っているので，理解しにくいのです。このように「一文多義」の指示だと，最初の方に話した指示の記憶が薄れてしまいます。

　わかりやすい話し方のためには，「一文一義」の指示を心がけましょう。一文一義で，Ａの文を書き換えてみます。

> **B**　これから体育をしに行きます。体操服に着替えます。（☆）教室の後ろに，背の順で並びます。（☆）並んだら，座ります。

　明らかに，Ｂの方が簡潔明瞭です。ＡとＢを比べて音読すれば，その違いがわかります。「一文一義」を心がけることで，１年生の子どもたちにもわかりやすい話し方となります。

　さらによいのは，「一つ一つの指示内容が終わったかどうかを確認してから，次の指示を出すこと」です。Ｂだと，☆のところで，前の指示内容が全員終わったかどうかを確認するとよいでしょう。

③　話を聞かせるちょっとした工夫

　また，話を聞かせるちょっとした工夫も入れていきたいものです。

　例えば，立ち位置を変えずに話すのではなく，少し動きをつけてみましょう。教室を歩きながら話したり，手遊びをしている子の近くに寄って話したりするとよいです。

　また，「～ですよね，ひかるくん？」「～と思いませんか，えりさん？」と，子どもの名前を呼びながら話すのも効果的です。

　「話が通じない」で終わらせるのではなく，「どうすれば１年生の子どもたちに話が通じるか」を考え，実践していきたいものです。

04 小1担任の「説明」「指示」のポイント

1 活動がうまくいくかどうかのポイントは、「説明」と「指示」の理解

　何かの活動をするときには、どういう活動なのかを「説明」し、どのように活動するのかを「指示」します。この「説明」と「指示」を、1年生の子どもたちにどれぐらい理解させられるかが、その活動がうまくいくかどうかのポイントです。

　高学年になってくると、それまでの経験から、普通に話すだけでも説明や指示の大体が理解できるようになりますが、1年生はそうはいきません。説明と指示がきちんと伝わるように手立てを打つ必要があります。

2 「1年生への説明と指示」のポイント

　ここでは、「国語の時間に、友達とペアになって、教科書を交替で丸読みする」という学習活動を例にして、具体的な手立てを紹介します。

❶ 活動のモデルを示す

　活動の説明と指示をした後、実際にその活動の「モデル」を示します。教師と代表の子どもが2人組になって、みんなの前でお手本を見せるのです。

　具体的な活動の姿を見ることができるので、1年生の子どもたちは迷わずに活動に移ることができます。

❷ 友達と活動内容を確認させる

活動の説明と指示をした後,ペアで活動内容を確認させます。

「2人組になって,教科書を読むんだって」「『。』で交替するんだって」「読み終わったら,座るんだって」という感じです。

これは,説明と指示の理解度を深めるだけでなく,ペアの友達が活動内容を理解していない場合のフォローにもなります。

❸ ナンバリングで活動のポイントを復唱させる

活動の説明と指示をした後,ポイントをしぼって復唱させます。

```
教    師  ：1！  2人組になる！
子どもたち：1！  2人組になる！
教    師  ：2！  「。」で交替しながら読む！
子どもたち：2！  「。」で交替しながら読む！
教    師  ：3！  全部読み終わったら座る！
子どもたち：3！  全部読み終わったら座る！
```

1年生の子どもたちは,「リズム感のある繰り返し」が大好きです。リズムに乗って心地よく活動のポイントを復唱させることで,説明と指示の理解度が深まります。

❹ 活動のポイントを視覚化して示す

黒板や画用紙を使って,右記のように活動の説明と指示を視覚化します。できる限り端的にわかりやすく示します。

こうして視覚化しておくと,子どもたちはいつでも確認することができ,安心して活動に取り組むことができます。

〈ペアでおんどくしよう！〉
①ふたりぐみになる。
②こうたいでよむ。
　（「。」でこうたいする）
③よみおわったら,すわる。

05 小1担任の「聞き方」のポイント

1　1年生は、「聞いてほしい」「見てほしい」

　初めて1年生を担任することが決まったとき、「1年生は、『先生、聞いて聞いて！』『先生、見て見て！』の連続だよ」と、先輩の先生に言われました。そして、実際に担任したら、確かにその通りでした。

　「聖徳太子は10人の話を同時に聞いた」という有名な言い伝えがありますが、状況はそれに近いものがあります。ある子と話をしていても、「先生、あのねあのね！」「先生、僕ね！」「先生、これ見て！」と、次から次に別の子が話しかけてきます（それが1年生の魅力の一つだと私は思っています）。

　とにかく、1年生は、自分の話を「聞いてほしい」のです。そして、自分を「見てほしい」のです。それが1年生なのです。

　そんな1年生の子どもたちに対する話の聞き方のポイントは、

> 「肯定する」「共感する」「驚く」

です。

2　「1年生に対する話の聞き方」のポイント

❶ 肯定する

> 子ども：先生、この服、昨日ママに買ってもらったんだよ。
> 教　師：そうなんだ。ママに買ってもらったんだね。よく似合ってるよ。

このように，その子の思いを受け止め，肯定的な聞き方をします。その子の話に出てきた言葉を繰り返すのもテクニックの一つです。

❷ 共感する

> 子ども：先生，僕，カレーが大好きなんだ。
> 教　師：そうなんだ！　わかるわかる。先生も，カレーが大好きだよ。

このように，その子の気持ちに寄り添い，共感的な聞き方をします。共通点が見つかると，その人に親近感を抱くものです。

❸ 驚く

> 子ども：先生，さっきね，テントウムシが飛んでいたよ。
> 教　師：えーっ！　すごいね！　よく見つけたね〜！

この「驚く」というのは，とても優れた聞き方です。「感嘆」や「称賛」の意味が含まれています。話し手はうれしい気持ちになります。

　❶❷❸のいずれにしても，大切なことは，

> 　１年生の「聞いてほしい」「見てほしい」という純粋な思いを温かく受け止め，包み込んであげること

です。
　「先生は，僕（私）の話を聞いてくれた」という小さな積み重ねが，担任への信頼と安心につながります。

「体の不調を訴えてきたとき」のポイント

1 体の不調の訴えにおいて大切なこと

　1年生は，「すりむいた」「ぶつけた」「こけた」「お腹が痛い」「頭が痛い」「体がだるい」と，たびたび体の不調を訴えてきます。

　大人から見ると「それぐらいのことで」と思うかもしれませんが，これも1年生の「聞いてほしい」「見てほしい」という気持ちの表れです。その気持ちを受け止め，包み込んで話を聞き，安心させてあげましょう。

　体の不調を訴えてきたときに大切なことは，

> どうしたいのかを，「自分の口で」伝えられるようにすること

です。

　自分の体のことは，自分が一番よくわかります。「その体の不調に対して自分はどうしたいのか」を，人任せにせず，「自分の口で」伝えられるように促していきます。

2 「自分の口で」伝える

　1年生が体の不調を訴えてきたら，まずは「どこが痛いの？」「いつから？」「どこでぶつけたの？」などと，話をしながら様子を確認します。

　そして確認した後，「消毒をするのか」「絆創膏を貼るのか」「洗って様子を見るのか」などを，「自分の口で」伝えさせます。

　ただし，そこはまだまだ1年生。うまく伝えられない子がいます。そうい

う子には,「洗って様子を見る?」「絆創膏を貼る?」などの選択肢を教師が示します。そして,どうするのかが決まったら,その子本人に「洗って様子を見ます」「絆創膏を貼ります」などの言葉を「自分の口で」言わせます。

このようにして「自分の口で伝える」経験を積ませていき,いずれは教師の力を借りずに自分で決めて伝えられることを目指します。

また,勤務校で活用していたのが,以下の掲示物です。こういう掲示物があると,視覚的にわかりやすいので,自分の思いをうまく伝えられない子への効果的な手立てとなるでしょう。

※なお,保健室に行くかどうかは,担任が判断します。詳しくは,p.84をご覧ください。

③ 保護者への連絡を忘れずに!

もし怪我をしたり保健室で休んだりした子がいたら,連絡帳や電話で,その子の保護者に連絡することを忘れないようにしましょう。私も自分が保護者の立場になって実感したのですが,こういうときに連絡があるのとないのとでは,担任の先生に対する印象が違います。一言連絡することで,保護者は安心し,担任への信頼アップにつながります。

07 「トラブルが起こったとき」のポイント

1 トラブルは決して見逃さない！

　入学してしばらくは，猫をかぶったようにおとなしかった１年生も，学校生活に慣れてくるにつれて，だんだんと地が出てきます。それに伴い，友達との関わりも増え，当然ですがけんかや暴力などのトラブルも増えてきます。

　このけんかや暴力などのトラブルは，決して見逃してはいけません。もし見逃せば，それが後々保護者を巻き込んだ大きな問題に発展してしまうこともあります。トラブルが起こったら，その都度解決していくことが大切です。

　とはいえ，１年生は自分たちだけで解決することがまだまだ困難です。発達段階的に，自分を中心に物事を捉える傾向があるからです。自分の正当性だけを主張して，相手の言い分や主張にまで目が向きません。

　そこで，小１担任の出番です。からまった糸をきれいにほどくように，教師が当事者全員から話を聞き，一つ一つ丁寧に解決してあげましょう。

2 トラブルが起こったときの対応の仕方

❶ 当事者を呼ぶ

　そのトラブルの当事者を呼びます。状況に応じて，一人ずつ呼ぶときもあれば，全員を一度に呼ぶときもあります。

　どこに呼ぶかも大切です。１年生は，関係のない子まで「なになに？」と話を聞きに来ようとします。当事者の話を落ち着いて聞ける場所がよいです。

❷ 当事者に伝える

「先生は、叱ろうと思ってあなたを呼んだのではないよ。あなたの話を聞くために呼んだんだよ。嘘をついたりごまかしたりせずに、あなたがしたことや見たことを正直に話してくれれば、絶対に叱らないよ。でも、嘘をついたりごまかしたりしたら、先生は叱るよ。嘘をついたりごまかしたりするのは、反省していないし卑怯だからだよ」と伝えます。

❸ メモをとりながら、当事者に話を聞く

当事者に見えるように、ノートまたは白紙を置きます。一人ずつ、具体的に話を聞きながら、右記のようにメモをとっていきます。メモをとることで、視覚化を図るのです。一人に話を聞いているときは、他の子に口をはさませません。一人に聞き終わったら、次の子に話を聞きます。

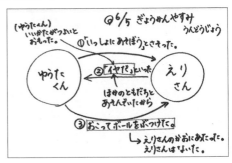

❹ 「自分はここが悪かった」というところを認識させる

メモを見せながら、「『こうして振り返ると、自分はここが悪かったなぁ』と思うところはどこ？」と聞きます。「ここ」と示したら、「じゃあ、そこを○○さんに謝れば、○○さんもあなたも気持ちがスッキリするんじゃないかな？」と伝えます。くれぐれも無理矢理ではなく、その子が素直な気持ちで「ごめんね」と言えるように促していきます。

❺ 保護者に報告する

トラブルの程度にもよりますが、保護者への報告を忘れないようにしましょう。後になって保護者間で情報が回り、初めて事実を知ることになると、「先生は伝えてくれなかった」と不信感を募らせる原因になります。

【参考文献】

- 文部科学省「幼児期の教育と小学校教育の接続について」2010年
- 文部科学省「青少年の生きる力を育むための総合的調査研究」1998年
- 文部科学省・国立教育政策研究所・教育課程研究センター「スタートカリキュラム　スタートブック」2015年
- ベネッセ教育総合研究所・朝日新聞社「学校教育に対する保護者の意識調査」
- ベネッセ「幼児期から小学1年生の家庭教育調査」2016年
- 「子どもと姿勢研究所」ホームページ（https://kodomotoshisei.com/）

まずはここから！

② 入学式・始業準備

パーフェクトガイド

「幼稚園や保育園との引き継ぎ」のポイント

1 引き継ぎの重要性

　地域によってやり方や程度の差はありますが，1年生の子どもたちが小学校に入学してくる前に，幼稚園や保育園との「引き継ぎ」があります。
　私の勤務市では，幼稚園や保育園の担当者と小学校の担当者（教務主任や養護教諭，特別支援コーディネーターなど）が日程の調整を行い，幼稚園や保育園に行ったり，小学校に来てもらったりして，引き継ぎを行います。そして，その引き継ぎで得た情報をもとに，学級編成をします。
　「小1プロブレム」という言葉をご存じでしょうか。小1プロブレムとは，小学校に入学したばかりの1年生が，集団行動がとれなかったり，授業中に座っていられなかったり，先生の話を聞けなかったりするなど，学校生活になじめない状態が続くことです。その対策として，文部科学省は，小学校に入学した子どもたちがスムーズに学校生活に適応していけるように，「スタートカリキュラム」を位置づけています。
　誰だって，新しい環境に飛び込むのは不安があります。入学してくる1年生の子どもたちに，「小学校」という新しい環境にスムーズに適応してもらうためにも，この「引き継ぎ」はとても大切です。

2 引き継ぎで知っておきたい情報

　引き継ぎで知っておきたい情報を，右ページにまとめました。
　幼稚園の先生や保育士さんは，これまで愛情たっぷりに子どもたちを育ててくれました。感謝と敬意をもって，引き継ぎを行いたいものです。

CHECK! 幼稚園や保育園との引き継ぎで知っておきたい情報

1. これまでの集団生活について
   - [ ] 自分の席に座っていられるか
   - [ ] 落ち着いて話を聞くことができるか
   - [ ] 一斉指示を理解することができるか
   - [ ] 着衣や排泄,食事は一人でできるか
   - [ ] 友達関係はうまくいっているか
   - [ ] 行動は速いか,切り替えはできているか

2. 身体的特徴や性質,それに対する配慮や支援について
   - [ ] 持病はないか(あれば,どのような配慮が必要か)
   - [ ] アレルギーはないか(あれば,どのような配慮が必要か)
   - [ ] 特別な支援を要する性質(よく泣く,手が出る,固まる,パニックになる,逃げ出す など)はないか(あれば,どのような支援が必要か)
   - [ ] 療育施設や病院などの関係機関に通っているか(通っていれば,関係機関の見解はどういうものか)

3. 家庭環境について
   - [ ] 児童相談所が関わるような案件(ネグレクトやDVなど)はないか
   - [ ] 母子家庭・父子家庭などの家庭状況を把握しているか
   - [ ] 保護者からの過度な訴えや要求はないか

4. 学級編成における見解
   - [ ] 1~3を考慮し,「同じクラスにした方がよい」「別のクラスにした方がよい」など,学級編成における幼稚園・保育園の見解をうかがう

02 入学式の「準備の見通し」を立てる

1 「見通し」をもって入学式準備を！

　新年度準備における小１担任の最大の仕事は，「入学式準備」です。通常の新年度準備に加えて，入学式の準備も同時進行でこなさなくてはならないので，目が回るような忙しさです。

　私が初めて１年生担任をしたときは，学年主任の先生の指示のもと，よくわからないまま，ただひたすら自分に与えられた仕事をこなしていました。次から次へと仕事をしてもなかなか終わらず，焦りました。初めてだったので仕方がないのですが，見通しをもてずに仕事をする大変さを感じました。

　そこで，次に１年生担任をしたときに見通しをもって準備が進められるようにと，そのときに「入学式準備チェックリスト」を作っておきました。これが大正解。２回目に１年生を担任したときには，チェックリストを見て，見通しをもって入学式準備を進めることができました。

2 入学式準備チェックリスト

　右ページに「入学式準備チェックリスト」を載せました。取り組む際のポイントは以下の通りです。

●POINT●

①「優先順位」をつけて，期日を決めて取り組む。
②担当者を決めて，手分けして取り組む。
③終わったら，担任団で確認し合う。

CHECK! 入学式準備チェックリスト

- [ ] 「幼稚園・保育園との引き継ぎ」の確認
- [ ] 「学年目標」の決定
- [ ] 「学年内校務分掌」の決定
- [ ] 各書類の準備（個票，通学路調査，健康調査票など）
- [ ] クラス決定，児童氏名の確認
- [ ] 「4月 学年だより」の作成
- [ ] 「入学式準備計画 提案資料」の作成（教室や体育館の装飾など）
- [ ] 「名前シール」の作成（机・椅子・ロッカー・廊下・靴箱）
- [ ] 「クラス名簿」の作成
- [ ] 「昇降口掲示用 クラス一覧表」の作成
- [ ] 配付物のとりまとめ → 「配付物一覧表」の作成
- [ ] 「コース別集団下校 打ち合わせ資料」の作成 → 協力のお願い
- [ ] 転入生の確認
- [ ] 教材選定（ノートの規格や学習道具など）
- [ ] 「教科書・指導書」の確認
- [ ] 6年生担任と「6年生児童のお手伝い」の打ち合わせ
- [ ] 「入学のしおり」の作成
- [ ] 「机と椅子の高さ」の調整
- [ ] 教室環境の確認，教室の掃除
- [ ] 「1週目・2週目の週プログラム」の作成
- [ ] 「子どもたちの名札」の注文・準備
- [ ] 「特別支援学級・通級指導教室」との打ち合わせ
- [ ] 「入学式前日の最終チェック表」の作成
- [ ] 「入学式当日の流れ」の作成
- [ ] 「入学式当日に話すセリフ」の作成

※主な項目を載せました。

03 入学式の「準備分担」を伝える

1　入学式の準備分担は，わかりやすく明確に伝える！

　前項（p.28）で，「新年度準備における小1担任の最大の仕事は，『入学式準備』」と書きました。とはいえ，入学式の準備は，小1担任だけで行うのではありません。他学年の先生方も協力してくださり，職員全員で分担して行います。

　ただでさえあわただしい新年度。どの先生もご自身の学年・学級事務や校務分掌などで忙しい中，入学式準備に協力してくださいます。各学年に準備分担を伝えるときは，「わかりやすく」「明確に」伝わるように配慮したいものです。

2　先生方へ準備分担を伝えるときのポイント

　各学年に入学式準備の具体的な分担内容を伝えるときのポイントは，以下の通りです。

❶ 前年度の写真やイラストを見せながら説明する

　教室の飾りつけや式場設営の説明をする際は，口頭で説明しても，なかなかイメージしづらいものです。わかりやすく伝えるために，写真やイラストを見せながら説明しましょう。

　学校には，前年度や前々年度の入学式の写真が記録用として残っているものです。それをプリントアウトして，担当する学年の先生方に渡すとよいでしょう。写真がなければ，簡単なイラストでも構いません。

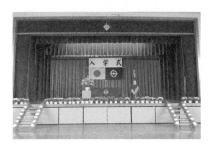 

体育館ステージ装飾（左）と昇降口掲示用クラス一覧表（右）

❷ 準備に必要なもの（道具や材料など）がどこにあるのかを把握する

　こうした学校行事の準備のときにありがちなのが，「準備に必要なものがどこにあるのかわからない」ということです。例えば，「国旗はどこにしまってあるの？」「立て看板はどこに置いてあるの？」といった声を聞くことがあります。各学年の準備に必要なものがどこにあるのかを，前もって小１担任が把握しておくとよいでしょう。

❸ 期限を意識する

　入学式準備は，「時間との戦い」でもあります。一つの準備が遅れてしまうと，それと連動している他の準備も滞ってしまうことがあります。各学年に，「４月〇日までにお願いします」と一声かけるとともに，分担プリントにも期限を明記しておくとよいでしょう。

❹ ６年生児童のお手伝い内容について確認する

　「前日準備」の際，６年生児童がお手伝いに入ってくれる学校が多くあります。６年生児童のお手伝いは，とても頼りになり，助かります。
　しかし，その裏には，６年生の担任の先生方の配慮があることを忘れてはいけません。６年生の先生方に負担をかけないよう，６年生児童の「担当場所」「担当人数」「仕事内容」「時間」などを，あらかじめ確認しておきましょう。

「名前の間違い」を防ぐ

1 「名前の間違い」には，特に注意が必要！

　入学式において一番してはいけないミスは，「名前の間違い」だと思っています。

　私も3人の子どもの父親なので実感を込めて言えますが，子どもたち一人一人の名前には，両親や祖父母の思いや願いがたっぷりと込められています。そんな大切な我が子の名前が，「入学式」という人生の大きなイベントにおいて，もし間違っていたら……。学校や担任に対して，不信感を抱いてのスタートとなってしまいます。

　入学式準備において，様々な物に「名前シール」を貼ったり名前を書いたりします。「名前の間違い」には，くれぐれも気をつけなければいけません。

2 「名前の間違い」を防ぐポイント

　私の勤務校では，入学式準備において，「名前シール」を次の物に貼ります。

・机（上と前面）　・椅子　・ロッカー（2か所）　・靴箱
・廊下のフック　・机の中に入れる引き出し（2か所）

　「名前の間違い」を防ぐポイントとしては，次の2つです。

> ● POINT ●
>
> ①印刷する前に，確認する！
>
> 　名前シールは，教育委員会から送られてくる資料やデータをもとにして，パソコンやラベルライターなどで作成することが多いでしょう。印刷をする前に，担任団で名前を確かめましょう。その際，自分のクラスだけでなく，全クラスを確認することが大切です。確認し終わってから印刷します。
>
> ②貼った後，最後にもう一度確認する！
>
> 　前日準備で，名前シールを様々な物に貼ります。貼り終わったら，最後にもう一度担任団で名前を確かめましょう。ここでも，自分のクラスだけでなく，全クラスを確認することが大切です。

いずれにしても，

複数の目で，何度も確認する

ということが，「名前の間違い」という致命的なミスを防ぐ最大の方法です。

　細心の注意を払って取り組みましょう。

名前シールを貼った椅子（左）とロッカー（右）

「教室の装飾」のポイント

1 装飾の前に，まずは教室の掃除から

　想像してください。我が子の入学式当日。教室全休が華やかでかわいらしい装飾で彩られています。しかし，よく見ると，床にゴミが落ちていたり，ロッカーにほこりがたまっていたり，窓が汚れていたりします。さて，どのような気持ちになるでしょうか。間違いなく，よい気持ちはしませんよね。

　入学式当日の教室といえば，「華やかでかわいらしい装飾」というイメージがあります。確かにその通りです。しかし，その前に大切なのが，「教室の掃除」です。すみずみまできれいに掃除され，気持ちよく整理整頓されている教室だからこそ，そこに施される装飾が，より華やかでかわいらしく見えるものです。

　期待と希望に胸をふくらませて入学してくる1年生のために，気持ちを込めて教室をきれいに掃除し，ぴかぴかにしておきましょう。

CHECK! 入学式前　教室掃除のチェックポイント

- [ ] 床にゴミやほこりは落ちていないか
- [ ] ロッカーや棚，テレビ台などにゴミやほこりはないか
- [ ] 教卓や教師用机はきれいに整理整頓され，汚れはないか
- [ ] 児童用机と椅子はきれいに整理整頓され，汚れはないか
- [ ] 窓や壁，黒板やテレビの画面に汚れはないか
- [ ] 学級文庫や並べているものの向きはそろっているか
- [ ] 不必要な掲示物や画鋲，ネジやフックなどはないか

2　子どもたちと保護者がうれしく喜ばしい気持ちになるような装飾を

　教室の掃除が終わったら，いよいよ教室全体に装飾をしていきます。教室に入ってきた１年生の子どもたちと保護者がうれしく喜ばしい気持ちになるように，華やかでかわいらしい装飾にしましょう。

　私の勤務校では，「教室の入口」「前の黒板」「後ろの黒板」「教室の側面」などに装飾を行います。前日準備の際に行いますので，他の学年の先生方や６年生児童もお手伝いをしてくれます。その場合は，前もって「完成写真」（またはイラスト）を渡し，完成のイメージを共通理解してから装飾に取りかかるとよいでしょう。

「前の黒板」「教室の入口」「後ろの黒板」「教室の側面」の掲示

06 「配付物のとりまとめ」のポイント

1 配付物をとりまとめる際は，保護者への配慮を心がける！

　我が子の1年生の入学式でのことです。当日に配られた配付物のあまりの多さに驚きました。プリント類だけでも，20種類近くありました。その中には，読んでおけばよいものもあれば，すぐに記入して担任の先生に提出しなければならないものもありました。担任の先生が入学式後の学活で簡単に説明してくれるものの，あまりの量の多さに戸惑ったことを覚えています。

　これは，私の体験談です。教員として入学式を何度も経験していても，戸惑うのです。保護者は，なおさら戸惑うのではないでしょうか。

　入学式当日の配付物が多くなるのはどうしても仕方がないことなのですが，保護者が少しでも「わかりやすく」「把握しやすく」「理解しやすく」なるような配慮を心がけたいものです。

2 「配付物のとりまとめ」のポイント

　配付物をとりまとめる際のポイントは，以下の通りです。

> ●POINT●
> ①配付物を「学校に提出しなければならないもの」と「読んでおけばよいもの」の2種類に分けて，それぞれをまとめて別のクリアファイルに入れる。
> ②2つのクリアファイルを，1つの大きな袋に入れる。
> ③「一覧表」（中に何が入っているか）を作成し，袋の表に印刷する。

ちなみに，配付物は，全てそろっているか，複数の目で何度も確認しておきましょう。入学式当日に「足りない！」ということのないように！

「配付物一覧表」を作成し，袋の表に印刷する

「学年だより第1号」のポイント

1 「学年だより第1号」に載せる主な内容

入学式初日に，「学年だより第1号」を配付します。

学年だよりは，入学してから1年間，担任団と保護者をつなぐ大切なツールの一つになります。

「学年だより第1号」に載せる主な内容は，以下の通りです。

・担任あいさつ
・4月の行事予定
・毎日の下校時刻
・4月の各行事についての説明

「学年だより」の主なねらいは，「保護者に1か月の見通しをもってもらうこと」です。4月は，「保健関係の検診」や「1年生を迎える会」など，様々な行事が数多く予定されています。長子の保護者は，小学校の行事が何もかも初めてですので，学年だよりを通して一つ一つの行事を説明します。また，下校時刻も明記しておくと，保護者は安心します。

2 「学年だより第1号」の書き方のポイント

POINT

① 「担任あいさつ」は，担任の思いを盛り込み，前向きな文面を心がける。

② 私の勤務校では，「4月の学習予定」や「毎日の持ち物」などは，「入学のしおり」に細かく載せているので，「学年だより第1号」では載せていない。もし「入学のしおり」に載せていない場合は，「学年だより第1号」で保護者に知らせる。

③ 一つ一つの行事について説明するが，4月は数多くの行事があり，紙幅が足りないことがある。その場合は，「保護者会」で説明したり，「学年だより第2号」を作成したりする。

「特別支援学級や通級指導教室との連携」のポイント

1 入学前に「ケース会議」の時間を

　特別な支援を要する児童の入学に際して，特別支援学級担任や通級指導教室担任と連携を図ることは，とても大切です。連携を図ることで，その子に応じた支援の仕方をともに考え，その子がスムーズに小学校生活をスタートできる環境を整えることができます。

　そのためには，入学前に，特別支援学級担任や通級指導教室担任と「ケース会議」を開く時間をとりたいものです。

　ケース会議を開き，その子に関する情報についての共通理解を図り，「支援の方向性」を定めていきます。できれば，管理職や特別支援コーディネーター，養護教諭などにもケース会議に参加してもらうとよいでしょう。

2 その子について共通理解しておきたいこと

　その子について共通理解しておきたいことを，以下にまとめました。幼稚園・保育園との引き継ぎで得た情報や，これまでの「個別の教育支援計画」（作成していれば），病院や関係機関からの診断書などを参考にしましょう。

- ・身体的特徴について
- ・性格や能力について
- ・幼稚園や保育園での集団生活について
　（座っていられない，パニックになる，固まる など）
- ・幼稚園や保育園での対人関係について

- （手が出る，よく泣く，人と関わろうとしない など）
- その子の「困り感」はどこにあるか
- 幼稚園や保育園での支援の仕方について
  （効果的だった支援，うまくいかなかった支援 など）
- 病院や関係機関との連携について
  （どこに，いつから，どれぐらいの頻度で，どのような内容で など）
- 好きなこと（もの）・嫌いなこと（もの）
- 得意なこと（もの）・苦手なこと（もの）
- 家庭環境について
- 保護者の願いや考えについて
- その他の配慮事項

　これらの情報を「ケース会議」で共通理解し，支援の方向性を話し合います。ケース会議の後，決まったことを全職員に伝え，学校全体で支援にあたっていくことを確認します。

③ 入学後も連携した支援を

　「ケース会議」で支援の方向性を立てておいても，入学後に実際にその子と会ってみて，支援の方向性を修正したり，交流や通級の時間を変更したりするということがあります。それは，その子の実態を見てのことですから，必要かつ重要な修正や変更です。

　その子が小学校生活に少しでも早く慣れて，安心して生活できるように，特別支援学級担任や通級指導教室担任と常に連携をとり，支援を続けていきましょう。

「入学式当日の流れ」を作る

1 前日に，当日の流れをもう一度確認！

　入学式当日は，担任は独特の緊張感の中，一日を過ごします。「無事に終わるかな」「何か不備はないかな」「次にすることは何かな」と，どうしても気持ちが焦ってしまうものです。

　しかし，担任の気持ちに余裕がないと，子どもたちや保護者への接し方に焦りが出てしまいます。例えば，誰かが怪我をしたり，具合が悪くなったり，トイレに失敗したりといった不測の事態が起きた場合，あたふたと対応してしまうことになりかねません。担任がそれでは，子どもも保護者も不安になります。そうではなく，入学式当日は，担任は常に落ち着いて，気持ちに余裕をもっていたいものです。

　そのためには，以下のことをおすすめします。

> 「入学式当日の流れ」を作り，入学式前日や当日の朝に，担任団で確認すること。そして，当日は常に携帯しておくこと。

2 「入学式当日の流れ」の例

　右ページに，「入学式当日の流れ」の例を載せました。これを持っておくだけで，安心感が違います。少なくとも，次に何をすればいいかがわからずに焦ることはありません。ぜひ試してみてください。

● POINT ●

① 「受付開始」から「下校」までを時系列で書く。
② ポイントをしぼって見やすくわかりやすく書く。
※「話す内容」は，後述のシナリオ（p.47，49）を参照する。

○○年度【入学式当日の流れ】

時間	流れ
9:10〜 （受付開始）	・担任はずっと教室にいて、子どもたちと保護者を迎える。 ・適宜、トイレに行かせる。（補助児童） ・保護者を先に式場へ移動させる。（補助担任）
9:40〜	・ショート学活（担任と子どもたちのみ） ※話す内容は、別紙「入学式前のセリフ」参照。
9:50〜	・トイレを済ませて、廊下に並ぶ。（1組から） ・出席番号順。男女で手をつながせる。後ろは男子同士。 ・並んだら、体育館入口に移動。
10:00〜	・入学式 ・担任は、入口で1度止まってから一礼し、先頭の2人と手をつないで入場する。 ・クラスの場所に行ったら子どもたちを並ばせる。全員が座ったら、自席に座る。 ・入学式の流れを、前もって校長・教頭・教務と確認し、リハーサルしておく。
10:40〜	・退場 ・担任はクラスの場所に行き、子どもたちを並ばせる。 ・補助児童と補助担任も一緒に退場する。 ・保護者は写真撮影に向けて体育館で待機する。
10:50〜	・写真撮影の指示があるまで教室待機。 ・適宜、トイレに行かせる。（補助児童） ・時間があったら、「学校名」「クラス名」「担任名」など、この後の学活で出すクイズの確認。 ・写真撮影の指示があったら、廊下に並んで式場に移動。（1組から）
11:00〜	・写真撮影（1組から） ・補助児童は、写真撮影終了後、おしまい。自分の教室に戻る。 ・写真撮影が終わったら、保護者と一緒に教室へ行く。
11:20〜	・学活（子どもと保護者） ※話す内容は、別紙「入学式後のセリフ」を参照。
12:00	・下校 ・昇降口まで子どもたちと保護者を見送る。

10 入学式前日「最終チェック」一覧

1 安心して当日を迎えるための最終チェック

　入学式前日。前日準備も終わり，準備が全て整いました。いよいよ翌日の入学式を迎えるのみです。
　最後にもう一度，担任団で一通りチェックをして，安心した気持ちで，翌日の入学式に臨みましょう。チェックする項目は以下の通りです。
①子どもたちの名前　　②教室や式場の環境
③当日の服装と持ち物　　④当日の流れ

2 各チェック項目について

CHECK! 子どもたちの名前チェック

- ☐ 名前の間違いはないか
- ☐ 全員の名前はあるか。もれている子はいないか

→机，椅子，ロッカー，靴箱，廊下のフック，引き出し，各種名簿 など

CHECK! 教室や式場の環境チェック

- ☐ ゴミや汚れはないか
- ☐ 物は整理整頓されているか
- ☐ 机や椅子はまっすぐ整然と並んでいるか

→床，ロッカー，棚，テレビ台，教卓，教師用机，児童用机，椅子
　窓，壁，黒板，テレビの画面，学級文庫，掲示物　など
※教室だけでなく，廊下，体育館，靴箱，トイレなどもお忘れなく。

CHECK! 当日の服装と持ち物チェック

- [ ] 当日の髪型や服装は，周りの人から見て清潔感があるか
- [ ] 「呼名用名簿」「一日の流れ」「話すシナリオ」など，当日の持ち物の準備は大丈夫か

CHECK! 当日の流れチェック

- [ ] 当日の流れは，頭に入っているか
- [ ] 不安なところはないか

　前項（p.43）に記載した「入学式当日の流れ」を見て，担任団で確認をしましょう。

　不安なところがあれば，必ず学年の先生に相談しておきましょう。

 「入学式が始まる前」に1年生に伝えること

1　入学式前に，「入学式の見通し」をもたせる

　入学式当日。おうちの人と一緒に，ぴかぴかのランドセルを背負って教室に入ってきた1年生の子どもたち。おうちの人は，荷物の整頓や諸々の作業を終え，「がんばってね」と我が子に一声かけて，一足先に体育館（入学式会場）に向かいました。おうちの人がいなくなって，ちょっぴり不安そうにしている子もいるようです。緊張も見られますね。

　さあ，ここからが，担任と1年生の子どもたちとの時間です。

　ここから入学式までの時間は，あまりありません。いろいろなことを伝えたい気持ちもあると思いますが，ここでは「入学式の見通し」（入学式ですること）にしぼって話をするとよいでしょう。

> ●POINT● 入学式前に1年生に伝えること
> ①担任とクラスについて
> 　（担任の顔と名前，何年何組かなどを覚える）
> ②入学式での「歩き方・座り方・立ち方・礼の仕方・聞き方」
> ③どうしてもトイレに行きたくなったり，具合が悪くなったりしたら

　最初にも書きましたが，無邪気な1年生とはいえ，入学式前は，不安や緊張を感じています。教師がにっこりと笑顔になり，落ち着いておだやかに話をすることを心がけましょう。ぬいぐるみや絵本，クイズやなぞなぞなどのツールを使って，雰囲気を和らげるのも手です。

2 シナリオがあると安心

　おすすめは，「入学式前に伝えること」について，あらかじめシナリオを書いておくことです。例えば，以下のような感じです。ポイントの①は割愛し，ここでは②と③を紹介します。

②**入学式での「歩き方・座り方・立ち方・礼の仕方・聞き方」**

　これから入学式に行きます。入学式は，「１年生になったよ！　これから小学校でがんばるよ！」というみんなのかっこいい姿を見てもらう式です。

　体育館に入ると，たくさんの人が「おめでとう」の拍手をしてくれます。お隣さんと手をつないで，先生の後をにっこり笑顔で歩いてくださいね。

　体育館では，背筋をピーン！として，いい姿勢で椅子に座ります。男の子は手をグーにして，女の子は手を重ねて，ひざに置きます。さあ，できるかな？　やってみましょう。（できている子をほめる）

　入学式では，「１年生のみなさん，立ってください」と言われます。言われたら，サッと立って，ピシッ！と気をつけをしてください。さあ，できるかな？　やってみましょう。（できている子をほめる）

　立ったら，礼をします。１で頭を下げて，２で止まって，３で頭を上げます。さあ，できるかな？　やってみましょう。（できている子をほめる）

　入学式では，校長先生やおうちの人がお話をします。お話を聞くときは，お顔を見て聞きます。今，先生のお顔をしっかり見ながら話を聞いてくれていて，先生はと〜ってもうれしいです。校長先生がどんなお顔をしていたか，入学式が終わったら先生に教えてくださいね。

③**どうしてもトイレに行きたくなったり，具合が悪くなったりしたら**

　入学式の中で，どうしてもトイレに行きたくなったり，具合が悪くなったりしたら，どうすればいいと思いますか？（子どもに聞く）

　そうですね，すぐに近くの先生や６年生のお兄さん・お姉さんに伝えてくださいね。我慢しなくても大丈夫ですよ。

12 「入学式後の学級活動」のポイント

1 入学式後は,「保護者も一緒に」学級活動

　入学式が終わって,教室に戻ってきた1年生。どことなく,ほっとしている様子です。さあ,ここからは学級活動の時間です。といっても,入学式前のように,担任と子どもたちだけではありません。今回は,保護者も一緒です。担任が何を話すのか注目しています。まだまだ気は抜けません。

　だからこそ,入学式前と同じく,ここでも「シナリオ」を作っておきましょう。話している自分の姿をイメージして,具体的な言葉で書いておくとよいです。シナリオがあることで,大切なことを伝え忘れることもありませんし,何より安心できます。それでも緊張するとは思いますが,落ち着いて,にこやかな笑顔で話すよう心がけてくださいね。

　この学級活動の時間も,そんなにたっぷりと時間があるわけではありませんので,担任団で相談して,伝えることを厳選しておきます。ここで伝えきれないことは,学年だよりや第1回保護者会で伝えるようにしましょう。

> ● POINT ● 入学式後の学級活動で伝えること
> ①入学式での様子をほめる
> ②担任・学校・クラスについての質問(テンポよく楽しく)
> ③呼名(私の勤務校は,教室でも一人一人呼名をします)
> ④保護者への連絡
> 　(担任の自己紹介,明日の予定,持ち物,登校・下校などについて)
> ⑤子どもたちへの宿題
> 　(先生の名前を覚える,通学路を覚える,名札をつける練習)

2 ここでもシナリオがあると安心

例えば，以下のようなシナリオを作っておきます（③は割愛します）。

①入学式での様子をほめる
　1年3組のみなさん（返事をさせる），入学式，よくがんばりました～！　がんばった自分たちに，拍手をしましょう。（拍手をさせる）にっこり笑顔で歩けましたね。座り方も，立ち方も，お話の聞き方も，全部すばらしかったですよ。さすが1年生ですね！……（後省略）

②担任・学校・クラスについての質問
　みなさん，先生の名前は覚えましたか？　先生が「さん，はい」と言ったら，声をそろえて言ってみてください。いきますよ，さん，はい！（担任の名前を言わせる）はい，よく覚えていましたね。先生の名前は，「あさの　ひでき」といいます。そして，みなさんが入学したこの小学校は，何という小学校ですか？　いきますよ，さん，はい！（学校名を言わせる）……（後省略）

④保護者への連絡
　保護者のみなさま，お子様のご入学，誠におめでとうございます。1年3組の担任になりました，浅野英樹と申します。大切なお子様を確かにお預かりいたしました。保護者のみなさまのご理解・ご協力のもと，学年で協力して，お子様の指導にあたっていきます。1年間，どうぞよろしくお願いいたします。さて，「入学のしおり」の○ページをご覧ください。明日からの予定についてご説明いたします。……（後省略）

⑤子どもたちへの宿題
　みなさん，今日はこれでおしまいです。おうちに帰ります……が！　みなさんは1年生になったので，「宿題」があります！　今日の宿題は……，「①先生の名前を覚える」「②おうちから学校までの道を覚える」「③名札をつけたり外したりする練習をする」この3つです。……（後省略）

13 「入学した週の週プログラム作成」のポイント

1 まずは「生活面」における支援

　初めて1年生を担任したときに,驚いたことがあります。それは,「1年生は,勉強をとても楽しみにしている」ということです。「先生,いつ勉強するの?」「教科書はいつ使うの?」「僕,もうひらがな書けるよ!」「早くたし算やりたいなぁ」という「勉強リクエスト」の声が多数聞かれたのです。
　「よし,わかった!　じゃあ,すぐに勉強を始めよう!」と言ってあげたいところですが,実際はそうはいきません。p.10にも書きましたが,入学後すぐは,「学校生活や学習の土台」を築くために,様々な指導が必要になります。「小学校」という新しい環境の中で,安全に一日を過ごしていくための「生活面の術」をまずは教えていきます。

2 「週プログラム」を活用して,指導の予定を立てる

　入学後すぐに,数多くの指導をしていきます。時間も限られていますので,ここはやはり「計画的に」取り組んでいきたいものです。計画的に取り組むために効果的に活用してほしいのが,「週プログラム」です。
①必要な指導をリストアップする(p.57参照)。
②担任団で話し合い,優先順位をつけ,週プログラムに書き込んでいく。
※1時間の中で,「あれもこれも」とあまり欲張りすぎないように。
　私の勤務校では,この週プログラムを毎週子どもたちに配り,連絡帳に貼らせています(p.171参照)。また,保護者にも配っています。1週間分の予定がわかるので好評です。教師も先の見通しをもって動くことができます。

入学式・始業準備

1ねんせい しゅうプログラム
「4がつ10にち(げつ)～4がつ14にち(きん)」 ※よていですので、へんこうがあることがあります。

ひにち	4がつ10にち(げつ)	4がつ11にち(か)	4がつ12にち(すい)	4がつ13にち(もく)	4がつ14にち(きん)
あさ		「あさのしたく」のしかた	「あさのしたく」のしかた	「あさのしたく」のしかた	「あさのしたく」のしかた
1	<ぎょうじ> ・にゅうがくしき	<がっかつ> ・くつばこのつかいかた ・トイレのつかいかた	<がっかつ> ・ながしのつかいかた ・ろうかのあるきかた	<がっかつ> ・ロッカーのつかいかた ・ろうかのフックのつかいかた	<せいかつ> ・6ねんせいとのおめんかい (たいいくかん)
2		<せいかつ> ・こうていめぐり ・クラスしゃしん・こじんしゃしんさつえい	<せいかつ> ・こうないめぐり	<こくご> ・じぶんのなまえをかこう ・えんぴつのもちかた	<がっかつ> ・きゅうしょくのれんしゅう
3		「かえりのしたく」のしかた →さようなら	「かえりのしたく」のしかた →さようなら	「かえりのしたく」のしかた →さようなら	「かえりのしたく」のしかた →さようなら
4	→おうちのひととげこう				
5					
げこうじこく	12:00ごろ (おうちのひととげこう)	10:45ごろ (コースべつしゅうだんげこう)	10:45ごろ (コースべつしゅうだんげこう)	10:45ごろ (コースべつしゅうだんげこう)	10:45ごろ (コースべつしゅうだんげこう)
持ち物		・名札 ・防災ずきん ※名札・防災ずきんは、この日から学校に置いておきます。	・道具袋 ・折り紙 ・自由帳 ・色鉛筆 ・クレヨン ※道具袋・折り紙・自由帳・色鉛筆・クレヨンは、この日から教室に置いておきます。		※17日(月)までに、雑巾を2枚ご用意ください。1枚だけに記名をしてください。
予定	第○○回入学式	書類提出日	書類提出日	書類提出 締切日 ・個票 ・通学路調査 ・健康調査票 ・アレルギー調査票 ・預金口座振替依頼書 (昨年度の就学時検診時に配布済)	コース別集団下校最終日 ※17日(月)から、お子様だけの下校となります。同コースの子でまとまって、集団下校します。

おうちの方への連絡
・第1週目の週プログラムです。この週プログラムを見ながら、お子様と一緒に学習用具や持ち物、提出物をご用意してください。
 各教科の教科書はいつでも必要になります。(例 国語がある場合は、国語の教科書/生活がある場合は、生活の教科書 など)
・13日(木)までに、提出書類(個票・通学路調査・健康調査票・アレルギー調査票・預金口座振替依頼書)が全てそろうよう、ご協力をお願いします。
・11日(火)～14日(金)までは、教師と一緒に「コース別集団下校」をします。17日(月)からは、お子様だけの下校となります。
・17日(月)から、給食が始まります。お子様に食物アレルギーがある場合は、「アレルギー調査票」を通して、必ず担任までお知らせください。
 配膳や後片付けも自分たちで行います。給食の時間は、配膳から後片付けまで45分です。(12:20～13:05)
 時間内に食べ終わるよう指導をしていきますので、ご家庭でも決められた時間内に食べ終わるようにお声かけをお願いします。
・ハンカチ・ティッシュ・筆箱・下じき・連絡帳・連絡袋は、毎日持たせてください。
・名札・防災ずきん・道具袋・折り紙・自由帳・色鉛筆・クレヨンは、学校に置いておきます。
・「連絡帳」と「連絡袋」は、朝学校に来たら毎日担任に見せるよう、ご家庭でもお声かけをお願いします。

POINT
① 「日にち」「学習計画」「下校時刻」は、子どもたちが読めるように、ひらがなで書く。
② 「持ち物」「予定」は、最初は保護者に向けて書く。子どもたちが学校生活に慣れてきたら、ひらがなで書き、読めるようにする。
③ 「連絡」の欄を設け、保護者に向けてお知らせやお願いをする。

 「6年生児童のお手伝い」のポイント

1　6年生の担任団と共通理解を

　6年生児童のお手伝いでまず大切なことは、6年生と1年生の担任団で「打ち合わせ会」を開くことです。「いつお手伝いをするのか」「お手伝いの人数は何人必要か」「お手伝いのねらいは何か」「どのようなことをするのか」などを、あらかじめ共通理解して、円滑にお手伝いが進むようにします。

　「打ち合わせ会」が終わったら、1年生の担任団で「お手伝いスケジュール表」を作り、6年生の担任団と共有すると、便利でわかりやすいでしょう。

　6年生は、委員会や行事などでとても忙しい中、お手伝いに来てくれます。「やってもらって当たり前」ではありません。6年生の担任団や児童に対して、感謝の気持ちを忘れないようにしましょう。

2　6年生児童に対して

　お手伝いに来てくれる6年生児童には、最初に次のようにお願いをします。

> **お手伝いのめあて**
> ずばり「1年生の自立」。自分のことが自分でできるようになること。
> **そのために**
> ・1年生を「赤ちゃん扱い」しないでほしい。
> ・1年生ができることは自分でやらせて、それを見守ってほしい。
> ・できないことやわからないことは、6年生が全てしてしまうのではなく、丁寧に教えながら、1年生にやらせてあげてほしい。

何のために1年生のお手伝いをするのでしょうか。それは，1年生が自分のことを自分でできるようになること，すなわち「自立」に他なりません。「6年生がいればできる」状態から，「6年生がいなくても，自分でできる」状態になることを目指します。
　そのためには，「やってあげる」ではなく，「やり方を教える」「手本を示す」「できることは自分でやらせる」といったスタンスで，1年生に接してほしいものです。
　このような，「お手伝いをする際の基本姿勢」を，あらかじめ6年生児童に伝えておきます。

3　1年生に対して

　1年生からすると，6年生は，とても頼りになる存在です。困ったときにはスーパーマンのように助けてくれ，休み時間には本当のお兄ちゃん・お姉ちゃんのように遊んでくれます。1年生と6年生が交流している様子は，とても微笑ましいものです。
　しかし，その反面，ついつい甘えも出てしまいます。「これ，やってー！」「わかんなーい！」と赤ちゃんのように駄々をこねて無理にお願いしたり，調子に乗って6年生を叩いたり蹴ったりしている姿を見ることがあります。
　そういうときにはもちろん注意をしますが，そうならないためにも，

> 「自分のことが自分でできるようになること」が何より大切。そのために6年生は来てくれている。赤ちゃんのように甘えるのではなく，困ったことがあったら6年生に聞いて，やり方を教えてもらう

ということを，最初に1年生にしっかりと伝えておきましょう。1年生の子どもたちも，「赤ちゃんのように甘えるのはよくない」ということを，実はよくわかっているものです。

【参考文献】

- 釼持勉監修『小学1年　365日の学級経営　授業づくり大事典』明治図書，2015年
- 学級づくりを楽しむ会『1年生ワクワク学級づくり』東洋館出版社，2014年
- 奥田靖二編著『まるごと小学校1年生学級担任book』いかだ社，2009年
- 古関勝則著・家本芳郎監修『すぐつかえる学級担任ハンドブック　小学校1年生』たんぽぽ出版，2004年
- 野中信行・上澤篤司『新卒教師時代を生き抜く365日の戦略　小学1年』明治図書，2016年
- 宇野弘恵『スペシャリスト直伝！小1担任の指導の極意』明治図書，2016年
- 安次嶺隆幸『1年生のクラスをまとめる51のコツ』東洋館出版社，2015年
- 夏坂哲志『わくわくいきいき学級づくり1年間　1年生』日本書籍，1997年
- 安部恭子・稲垣孝章編著『「みんな」の学級経営　1年生』東洋館出版社，2018年
- 佐々木陽子『クラスがまとまる小学一年生　学級づくりのコツ』ナツメ社，2013年
- 近藤佳織著，石山さやかマンガ『1年生の学級づくり　明日からできる速効マンガ』日本標準，2017年
- 稲田百合ほか『1年生担任がまず読む本　まるごと1年生』小学館，2011年

これだけはおさえておきたい！

③ 1年生への基本指導

パーフェクトガイド

PERFECT GUIDE

「入学後すぐに」必要な指導は？

1 登校してくる子どもたちを，笑顔で迎える！

　入学式が終わり，担任としてはほっと一安心。しかし，息つく間もなく，翌日から１年生はドキドキワクワク，学校に登校してきます。いよいよ学校生活のスタートです。

　入学式の翌日から，担任の先生にぜひしてほしいことがあります。それは，

> 登校してくる子どもたちを，教室の入口で笑顔で迎える

ということです。

　１年生にとって，小学校は未知の世界。大人が思っているより，不安を抱えて登校してくる子もいます。「勇気を出して登校したけれど，教室に先生がいなくて不安……」そんな思いを抱かせたくないものです。

　子どもたちの不安を安心に変えるのが担任の役目です。担任が先に教室にいて，笑顔で「おはよう！」とあいさつをして，子どもたち一人一人を温かく迎えましょう。

2 入学後すぐに必要な指導

入学後すぐに，主に以下のような指導が必要になります。一日の流れ順に見ていきましょう。

CHECK! 入学後すぐに必要な指導

- ☐ 決められた通学路を通って登校する
- ☐ 靴箱，机の引き出し，ロッカーなどに，自分の荷物をしまう
- ☐ 自分で名札をつける   ☐ 提出物を出す
- ☐ 自分の席に座って待つ   ☐ トイレに行く
- ☐ 授業の準備をする   ☐ 休み時間に安全に過ごす
- ☐ 手洗い・うがいなどをする ☐ 給食を食べる
- ☐ 掃除をする   ☐ 帰りの支度をする
- ☐ 決められた通学路を通って，集団下校をする

いかがでしょうか。この他にも，細かく挙げれば，まだまだたくさんあります。これらを見てもわかる通り，やはり「学校生活や学習の土台」を築くことが，小1担任の使命なのです（p.10参照）。一つ一つを，丁寧に根気強く教えていく必要があります。

とはいえ，これらの指導を，担任一人だけで全て行おうとすると大変です。多くの学校では，1年生担任に配慮し，6年生児童が朝・給食・掃除・帰りなどにお手伝いに来てくれます。とてもありがたいことです。

6年生児童のお手伝いについては，p.52を参照してください。

02 最初は「教えること」がたくさん！だからこそ…

1 最初は「教えること」がたくさん！

　入学してしばらくは，「荷物の片付け方」「トイレの使い方」「靴箱の使い方」など，学校で過ごすために必要なことを，一つ一つ丁寧に「教えること」が主になります。「教えることだらけ」と言えるでしょう。

　「教えること」が多いからこそ，「どうやって教えるのか」ということを考えていくことが大切です。

　例えば，「廊下は走らずに歩く」ということを例に挙げます。

> **A**　みなさん，廊下を走るととても危ないです。走らずに歩きましょう。わかりましたか？

> **B**　みなさん，廊下は，「①走る」「②歩く」のどちらがよいと思いますか？　どちらかに手を挙げてください。（挙手させる）
> 　どうして「②歩く」がよいのですか？（子どもたちに聞き，出た意見を板書していく）
> 　そうですね。「危ないから」「ぶつかるかもしれないから」「こけるかもしれないから」「怪我をするかもしれないから」，廊下は走らないで歩くのですね。（子どもたちの意見をふまえて話す）
> 　みんな，さすが１年生！　よくわかっていますね。廊下は，走らないで歩くようにしましょうね。

いかがでしょうか。Aは，教師がただ一方的に伝えているだけです。Bは，子どもたちに考えさせ，発表させています。Bの方が，子どもたちの心に響くと思いませんか。
　1年生だと思ってあなどるなかれ。1年生も，正しい行動の価値や意味を，よくわかっているものです。ただ「やりなさい」「こうしなさい」ではなく，その価値や意味を考えさせたり，気づかせたりするような教え方を心がけたいものです。
　こうした教え方を続けていくことで，自分の頭で考え，正しい判断をして行動する習慣が身についていくと感じています。

2　うまくいかないときや不安なときは…

　入学してすぐにたくさんのことを教えていくのですが，そこはやはり1年生。当たり前ですが，教えたからといって，すぐにできるわけではありません。うまくいかなかったり，わからなかったりすることがたくさんあります。
　そもそも，「小学校」という全く新しい環境に飛び込んだばかりなのです。新しい環境に飛び込んですぐに，「これはこうして」「ここはこうだから」と次々に言われたら，不安になるのが当たり前。それは私たち大人も同じです。
　だからこそ，「小1担任は『おひさま』であれ」と願っています（p.12参照）。うまくいかなくて泣きそうになったとき，やり方がわからなくて困ったとき，教師が「大丈夫。先生と一緒にやってみよう」「心配ないよ。ここは，こうするといいよ」と子どもたちに優しく声をかけて勇気づけることで，子どもたちはどんなに安心するでしょうか。それが，「教師への信頼」につながります。
　子どもたちの不安を安心に変えて，「学校，楽しい！」「やっていけそうだ」「先生がいるから大丈夫」という思いを抱かせてあげてください。

03 「朝の支度」の指導

1 「朝の支度」ができるのは，当たり前ではない

　まえがきでも書きましたが，初めて1年生を担任したとき，入学式翌日の「朝の支度」で戸惑ったことをよく覚えています。一つ一つの学習道具や持ち物を，「どこに，どのようにしまうのか」から子どもたちに説明しなければいけないということを，それまでの私は認識していませんでした。子どもたちから「どうやってやるの？」と質問され，ハッとしました。

　2～6年生の子どもたちは，「登校したら，朝の支度を済ませる」ことは，当たり前のようにできます。しかしそれは，はじめは「当たり前」ではなかったのです。1年生のときの担任の先生が，一つ一つやり方を教え，根気強く声をかけ続け，少しずつできるようになっていったのです。「できる状態」にして，2年生に送ってくれたのです。それは，「朝の支度」だけでなく，他の指導でも同じです。

　自分が1年生担任を経験して，それまでの1年生担任の先生方のご指導・ご支援に深く感謝しました。そして，「今年は私がその役割をしっかり果たして，2年生の担任の先生に引き継ごう」と思いました。

2 「朝の支度」の目標と，指導のポイント

　ずばり，「朝の支度」の目標は，以下の2つです。
①時間内に，朝の支度を自分で終わらせる。
②朝の支度が終わったら，自分の席で落ち着いて待つ。

指導のポイントとしては，

> 何をするのかがわかるように，時系列でわかりやすく視覚化しておく

ということです。例えば以下のようなポスターを作り，黒板に貼ります。

```
【あさのしたく】 ひとりで できるかな？
①うわぎと ぼうしを ろうかの フックに かける
②ランドセルから にもつを ぜんぶ だす
③べんきょうどうぐを つくえの なかに しまう
④せんせいに みせるものを せんせいに だす
⑤ランドセルを ロッカーに しまう
⑥ひだりむねに なふだを つける
⑦トイレ・みずのみ・てあらいに いく
⑧じぶんの せきで できることを して まつ
→おしまい♪
```

　最初は，これらを一気に教えるのではなく，「①だけ」「②だけ」と絞って，一つずつやり方を教え，実際に子どもたちに取り組ませます。取り組んでいる子どもたちの様子を見て，個別に支援していきます。
　①から⑧まで教え終わり，だんだんと慣れてきたなと思ったら，「黒板に貼ってあるポスターを見ながら，①から⑧まで，自分でやってごらん。もしわからなかったら，先生や６年生のお兄さん・お姉さんに聞いてね」と伝えます。もちろん個別支援は続けていきます。
　朝の会の中で，「朝の支度は一人でできた？」と，ポスターを見せながら①〜⑧を確認していくと，朝の支度への意識が高まります。

04 「靴箱の使い方」の指導

1　自分の靴箱の場所を把握する

　靴箱の使い方の指導において，最初に教えなければならないことは，「自分の靴箱の場所を把握する」ことです。たくさんある靴箱の中から，自分のクラスの靴箱を探し，さらにそこから自分の場所を見つけないといけません。最初は，「僕の靴箱はどこだっけ？」と戸惑う子がいるものです。

　クラス全員を靴箱の前に連れていき，まずは自分のクラスの靴箱はどこかを教えます。靴箱の上にわかりやすい目印があると覚えやすいです。

　その上で，一人一人の靴箱の場所を教えます。「名前シールが貼ってあること」「男の子と女の子で分かれていること」「出席番号順に並んでいること」などを説明します。

目印がある靴箱（左）と靴箱の名前シール（右）

2　上靴と下靴を分けて入れるのはどうして？

　一般的な靴箱は，中に仕切りがあり，上側に「上靴」，下側に「下靴」と分けて入れられるようになっています。子どもたちにその仕組みを説明する

ときに、「どうして上靴と下靴を分けて入れるの？」と聞き、考えさせます。
　きっと、「上靴が汚れないようにするため」という意見が出ます。さらに「上靴が汚れると、どうしてよくないの？」と掘り下げて聞き、「上靴が汚れていると、廊下が汚くなる」→「他の人に迷惑がかかる」というところまで意識を向けさせたいものです。

③ 靴のかかとをそろえる

　さて、自分の靴箱の場所がわかったら、次は「どのように靴を入れるか」を考えさせます。
　「かかとをそろえずに乱れて入れている靴箱」と、「かかとをそろえてきれいに入れている靴箱」の２つをわざとつくります。そして、子どもたちに、２つの靴箱を比べてどう思うかを聞きます。「きちんと入れている方がきれいに見える」「きれいだと気持ちがいい」といった意見を引き出し、「靴の入れ方」への意識を高めます。
　とはいえ、一度指導しただけでできるようにはなりません。しばらくは、子どもたちと一緒に靴箱の前に来て、「靴の入れ方チェック」をするとよいでしょう。子どもたちが下校した後、靴箱の写真を撮り、次の日にその写真を見せて、どう思うのか聞くのも手です。
　話題はそれますが、かかとを踏んで靴を履く子には、以下のようにちょっとユーモアを交えて声をかけ続けていくようにしています。
　「あ～、靴の泣き声が聞こえるなぁ。靴さん、どうしたの？　なになに、『しゅんくんが、靴のかかとを踏むから、痛いの……』だって。かわいそうに……」
　「ウ～ウ～、こちら、靴のかかと警察です！　みさきさんが、靴のかかとを踏んでいます！　今から現場に急行します！」

「荷物のしまい方」の指導

1　荷物をしまうときのポイントは？

　子どもたちは，学校に持ってきた学習用具を，「机の中」「廊下のフック」「ロッカー」などに毎日しまいます。どの場所においても，

> ・物が取り出しやすいように，整理整頓されている
> ・見た目がきれい

このようにしまえるように指導していくことが大切です。

2　「荷物のしまい方」の指導のポイント

机の中
・引き出しを「お持ち帰りの箱」と「お泊まりの箱」に分ける。「お持ち帰りの箱」には，その日のうちに家に持って帰る物（教科書やノートなど）を入れる。「お泊まりの箱」には，学校に置いておく物（折り紙や文房具類など）を入れる。

廊下のフック
・体操服袋・上履き袋・手提げ袋などを，自分のフックにかける。袋が廊下に落ちないように気をつける。
・それぞれの袋から，中身がはみ出していないかチェックする。

ロッカー
・ランドセルは，見た目をきれいにそろえるために，こちらに頭を向けてし

まう。防犯ブザーや肩掛けなどがはみ出ないようにする。
・粘土セット・算数セット・絵の具セット・歯磨きセットなどは，中身がばらばらにならないように，箱や袋にきちんと入れてからしまう。

「廊下のフック」(左) と「ロッカー」(右)

　どれも，口頭で伝えるだけでは，イメージがつきにくいものです。教師が実際にやって見せるとよいでしょう。説明した後，時間をとって，子どもたちにやらせてみることが大切です。

③ 「きれいを保つ」ために…

　最初に丁寧に説明しても，「きれいを保つ」のは難しいものです。下記のような工夫を取り入れ，「きれいを保つ」ことのよさを繰り返し伝えていきましょう。
・「きれいな状態」と「きたない状態」をあえてつくり，どう感じたかを発表させることで，「きれいを保つ」ことの価値を感じさせる。
・きれいに片付いている机の中やロッカーの写真を撮り，子どもたちに見せて感想を発表させる。
・「机の中チェック」「ロッカーチェック」「廊下のフックチェック」などを行い，「きれいを保つ」ことへの意識を高める。

06 「トイレ」の指導

1 安心してトイレを使えるように

　子どもたちは，幼稚園や保育園で，「トイレの使い方」の指導を受け，実際に使ってきています。しかし，小学校に入学し，大きく環境が変わったことで，「『トイレに行きたい』と言い出しにくい」と感じている子もいます。また，幼稚園や保育園にはなかった「和式トイレ」があったり，トイレとトイレの仕切りが高く，ほぼ密室状態になったりと，小学校のトイレに戸惑う子もいます。子どもたちが安心してトイレを使えるような指導を心がけていきましょう。

2 「トイレ」の指導のポイント

❶ トイレに行きたくなったら

> 　トイレに行きたくなったら，先生に「トイレに行ってきます」と言ったら，行ってもいいですよ。我慢しなくていいですからね。勉強をしているときでも，すぐに先生に言ってくださいね。

　優しい表情で，このように伝えます。私は，入学してしばらくは，授業中でもトイレに行ってよいことにしています。「トイレは休み時間に行く」という指導は，学校生活に十分慣れてきてからでもよいと考えています。

❷ トイレの使い方を教える

　男女別に5〜6人ずつトイレに連れていき，以下のように説明します。特に「和式トイレ」は，初めて使う子もいますので，丁寧に教える必要があります。

〈大便器〉
・（和式トイレ）丸い方が「前」。
・（和式トイレ）トイレをまたいで前の方に足を置き，しゃがむ。
・トイレットペーパーを手に巻いたら，ペーパーホルダーの上を押さえて，トイレットペーパーを切る。
・使用後はレバー（ボタン）を押して水を流す。

〈男子小便器〉
・足を開いて，便器に近づいて立つ。
・便器の真ん中をねらっておしっこをする。
・おしっこが終わるまで動かない。
・おしっこをしている人を押したり覗いたりしない。

---

❸ 「トイレをきれいに使おう」という意識を高める

　「トイレを毎日きれいに掃除してくれているのは誰でしょう？」と尋ねます。おそらく，ほとんどの1年生はわからないでしょう。高学年がしてくれていることを伝え，「掃除をしてくれているお兄さん・お姉さんのために，どのようにトイレを使ったらよいと思いますか？」と考えさせることで，「トイレをきれいに使おう」という意識を高めます。その際，「トイレを使ったら，汚していないか確認する」「もし汚してしまったら，自分でふいてきれいにする。一人でできないときは，先生に相談する」ことを教えます。高学年がトイレを掃除しているところを見学に行かせるのも手です。

07 「流し」の指導

1 流しを使う場面は多い

　学校で「流し」(手洗い場)を使うのは，どんなときでしょうか。
・手を洗うとき　・顔を洗うとき　・うがいをするとき
・水を飲むとき　・歯を磨くとき　・物の汚れをとるとき
・怪我した部位を水で洗うとき　・授業中(図工や生活科など)
　このように，一日のうちで，流しを使う場面はたくさんあります。休み時間の終わりや給食前のように，多くの子どもたちが一斉に使うことも多いですので，「安全に流しを使うためのルール」を指導する必要があります。

2 「流し」の指導のポイント

　「使い方」と「マナー」とに項目を分けて，指導のポイントを示します。トイレの指導と同じく，子どもたちを流しの前に連れていき，説明しながら実際にやって見せるとよいでしょう。

❶ 蛇口とハンドルの使い方

・蛇口は，いつもは下向きにしておく(上向きのままだと，蛇口の先に水がたまったままになり，不衛生である。また，上向きのまま水を出すと，水が噴水のように上に飛び出し，服にかかるおそれがある)。水を飲んだりうがいをしたりするときだけ蛇口を上向きにする。使い終わったら，また下向きに戻す。
・ハンドルは，勢いよく回さず，少しずつ回す(勢いよく回すと水がはねて，

周りで使っている人にかかるおそれがある）。
・水を出しっぱなしにしないよう，使い終わったらハンドルをしっかりとしめ，水が止まったか確認する。

❷ 使うときのマナー

・混んでいるときは，割り込まず，使っている人の後ろに並んで待つ。
・水を飲もうとしている人を，押したり突き飛ばしたりしない。
・水を飲むとき，蛇口に口をつけない。
・ゴミやティッシュを流さない。
・すべりやすく危険なので，流しの周りで走ったりふざけたりしない。
・流しの水を廊下にこぼしてしまったら，雑巾やハンカチでふきとる。
・手についていた泥や石鹸で流しを汚してしまったら，水をかけたり雑巾やハンカチでふいたりしてきれいにする。

③ 次の人が気持ちよく使えるように

「流し」の指導を通して，「次の人が気持ちよく使えるように」という「思いやり」の気持ちと，「公共のものを大切に使おう」という「公共心」を養いたいものです。以下のような指導を継続して行っていきましょう。
・「流しを使うときのルールは，何のためにあるのかな？」「もし流しが汚れていたら，使うときにどんな気持ちがするかな？」と考えさせる。
・きれいに使えている流しに子どもたちを連れていき，「みんながいつもきれいに流しを使ってくれて，気持ちがいいよ。ありがとう」と伝える。

「コース別集団下校」の指導

1 「コース別集団下校」のねらい

　入学式の翌日からしばらくの間，下校時に「コース別集団下校」を行う学校が多いでしょう。自宅の方面別にいくつかのコースに分かれ，教師がそれぞれのコースに付き添って下校指導をします。この「コース別集団下校」のねらいは，「①通学路を覚えること」「②安全に下校できるようにすること」です。

　保護者は，我が子が無事に学校から帰宅してくることを何より望んでいます。しかし，3月までは保護者と一緒またはスクールバスで通園していた子どもたちです。交通安全に対する意識が育っているとは考えにくいです。この「コース別集団下校」を通して，通学路を覚えて安全に下校できるよう指導していきましょう。

2 「コース別集団下校」の準備

❶「コースごとの一覧名簿」を作成する

　「誰がどのコースを通って帰るのか」が一目でわかるように，「コースごとの一覧名簿」を作ります。ただし，子どもたちはいつも自宅に帰るとは限りません。ある日は自宅に帰るものの，次の日は「放課後ルーム」に行き，また次の日は「祖父母宅」に帰るということもあります。「自分が今日どこに帰るのか」を把握していない子も多いため，保護者には，「自宅以外に帰る場合は，『どこに帰るのか』を，連絡帳を通して必ずお知らせください」とあらかじめ伝えておく必要があります。

❷ 各コースごとに，担当の先生を決める

　担任の他に，管理職や特別支援学級の担任，フリーの先生方に協力してもらいます。関係者で前もって「打ち合わせ会」を開いて，集団下校の集合場所や集合時間，各コースの経路や指導の概要を共通理解しておくとスムーズです。集団下校終了後には先生方で「振り返り」を行い，各コースの子どもたちの様子などを伝え合い，次の日の指導に生かしましょう。

③　子どもたちへの指導

　「コース別集団下校」を行うにあたり，子どもたちと以下の点を確認しておくとよいでしょう。❷の「交通安全指導」は，集団下校中にも指導を入れていきます。

❶ 基本指導
・目的は，「通学路を通って，安全に家に帰れるようになること」。
・自分が何コースなのかを覚える。　・コースの担当の先生の名前を覚える。
・集合場所での並び方（2列）を練習する。
・下校途中，家が近くなって通学路から離れるときは，コースの担当の先生に「先生，ここで離れます」と伝える。

❷ 交通安全指導
〈歩き方〉
・歩道を歩く（走らない）。　　　・横に広がって歩かない。
・しっかりと前を見て歩く。　　　・縁石の上を歩かない。
〈その他〉
・信号が点滅したら，渡らない。青になるまで待つ。
・道路を渡るときは，必ず横断歩道または歩道橋を使う（道路を横切らない）。
・交差点では車の進入に注意する。　・踏切のベルが鳴り出したら渡らない。

「学校からのお手紙」の指導

1 毎日のように配られる「お手紙」

　学校からは，毎日のようにお手紙が配られます。読んでおけばよいものから，学校に提出する重要なものまで，様々です。これらのお手紙を「学校から家」そして「家から学校」に運ぶのは，子どもたちです。大切なお手紙をしっかりと運んでもらうためにも，「お手紙指導」は欠かせません。

2 「学校からのお手紙」の指導のポイント

❶ 連絡袋について

　学校からのお手紙だけでなく，宿題や授業で使ったプリントなど，その日のうちに保護者に見せるものをまとめて入れるのが「連絡袋」です。私は，Ａ４のプリントが折らなくても入るサイズで，ファスナーがついていてＬ字型に開くものを愛用しています。年度当初に学年でまとめて購入してそろえると，男女で色分けもでき，教師側が使いやすいです。

❷ お手紙の扱い方の基本を伝える

・お手紙をもらったら，すぐに連絡袋に入れる。
・お手紙は，折り紙のように，角と角をぴったり合わせてきれいに折る。
・家に帰ったら，すぐにおうちの人に連絡袋を出す。
・学校に来たら，すぐに先生に連絡袋を出す。
　こうしたことを子どもたちに伝えます。「みんなは今日から郵便屋さんだよ。お手紙やプリントを，きれいな状態で，帰ったらすぐにおうちの人に渡

すんだよ。郵便屋さん，お仕事がんばって！」と話すと，子どもたちの気持ちが乗ります。

❸「連絡帳」を通して，お手紙が何枚あるのかを伝える

　保護者は，連絡袋を受け取るだけでは，その日のお手紙が全部で何枚あるのかがわかりません。そこで，連絡帳に，「お手紙〇枚」と，その日のお手紙の枚数を書く欄を設けます。そうすれば，その日のお手紙が全部で何枚なのかがわかり，枚数を確かめることができます。

❹　保護者の協力は不可欠

　お手紙は，保護者が協力してくださらないと，スムーズにやりとりができません。保護者の意識を高めていく必要があります。学年だよりや保護者会で，以下のようなことを伝えましょう。

> 　お手紙や宿題などは，全て「連絡袋」に入れて持ち帰ります。お子さんが帰ってきたら，まず連絡袋を開けて，中身をご確認ください。その日のお手紙の枚数は，連絡帳に書いてあります。もし足りなかったら，担任までお知らせください。
> 　お手紙の中には，学校に提出する大切なものもあります。学校にお手紙を提出するときも，「連絡袋」を使います。お子さんに，「このお手紙を連絡袋に入れたから，必ず先生に渡してね」と伝えてくださると助かります。なお，学校に提出するお手紙は，期日を守って提出してくださるよう，ご協力をお願いします。

「提出物の出し方」の指導

1 提出物を出す場面はとても多い

　小学校では，提出物を出す場面が数多くあります。例えば，「登校してすぐに宿題や手紙を出す」「連絡帳を書いて出す」「授業中にプリントやノートを出す」「ワークテストを出す」などです。

　それは1年生も同じです。入学式の翌日から，たくさんの提出物を持って登校してきます。入学してすぐに，「どのように提出物を出すか」ということを教える必要があります。

2 「提出物の出し方」の指導のポイント

　私は，提出物を出すときに，以下のようなことを子どもたちに指導します。

・向きをそろえて出す。
・種類ごとに分けて出す。
　（100円ショップで売っている「かご」が役に立ちます）
・角と角をピタッとそろえて出す。
・もし乱れているのに気がついたら，「トン，トン」とそろえる。
・先生や友達に出すときは，「お願いします」や「どうぞ」と言って出す。

　ここで考えたいのは，「どうしてこうした指導をするのか」ということです。これは，教師の教育観に関わってきます。

　私は，「他者に対して『思いやり』の気持ちをもって接することができる

子どもを育てたい」と考えています。提出物を出すときに，向きをそろえたり，種類ごとに分けたり，「お願いします」と声をかけたりするのは，自分のためにしている行動ではありません。「相手のため」にしている，まさに「思いやり」の行動です。

　提出物の種類や向きがそろっていると，その提出物を数える人はとても数えやすくなります。「お願いします」と一声かけると，受け取る人は温かい気持ちになります。「提出物を出す」という指導の裏に，こうした教師の思いがあるということを，ぜひ子どもたちにも伝えてあげてください。

3　説明したら，実際にやらせてみる

　他の指導と同じく，この「提出物の出し方」も，説明したら，実際にやらせてみることが大切です。

---
①提出物を持って，かごの前（教師の前）に一列に並ぶ。
②種類ごとに分けて，向きをそろえて，角と角を合わせて出す。

　文字にすればこれだけですが，スムーズにできるようになるまで，かなり時間がかかります。根気強く指導を続けていってください。
　スムーズにできるようになってきたら，以下のように少しずつバリエーションを増やしていきましょう。

・男女で分けて出す。　　・出席番号順になるように出す。
・隣同士（ペア）で集めて出す。　　・班ごと（グループ）で集めて出す。

「休み時間」の指導

1 「休み時間」はどのような時間？

　授業と授業の間の「休み時間」。読者のみなさんは，「休み時間」を，どのような時間と捉えていますか？　私は，休み時間を「次の授業のための準備時間」と捉えています。遊んでもいいのですが，それは次の授業の準備が済んでからです。その優先順位を明確に子どもたちに伝えています。

2 「休み時間」の指導のポイント

❶ 時間を教える

　休み時間がいつまでなのかを教えます。1年生は，まだ時計が読めません。時計を示して，「5の針までが休み時間だよ」というふうに，「○の針まで」という言い方で伝えます。または，タイマーをセットし，「これから10分間が休み時間だよ。このタイマーが鳴ったらおしまいだよ」と伝えます。

　ちなみに私は，休み時間終了1分前になったら，「1分前だよ。席に座って」と声をかけ，席に座らせるようにしています。これも，「次の授業のため」です。

❷ 優先順位を教える

　繰り返しになりますが，休み時間にまずやることは，「次の授業の準備」です。「次の授業の準備」とは，「教科書を開く」「ノートを開く」「ノートに下敷きを入れる」「筆箱を出す」といったことです。

　その次にやることは，「トイレや水飲みを済ませる」ことです。先に済ま

せておかないと、チャイムが鳴ってから、あわててトイレにかけ込む子がいます。

　また、次が体育や音楽の場合は、先に準備をして運動場や音楽室に移動し、移動した場所で休み時間にします。

❸ 休み時間の「遊び」のルールを教える
短い休み時間（5〜10分休み）
・短い休み時間は外に出ず、教室の中で過ごす。
・教室で騒いだり走り回ったりせず、読書やお絵かきや折り紙など、教室で落ち着いてできる遊びをする。

長い休み時間（業間休み，昼休み）
〈晴れの日〉
・外で、ボールや遊具などを使って遊んでよい。
・予鈴が鳴ったら、教室に戻ってくる（「予鈴」の意味も教える）。
・短い休み時間同様、教室で読書やお絵かきや折り紙などをしてもよい。
・図書室に行って本を借りてもよい（図書室のガイダンスが済んでから）。

〈雨の日〉
・外に出ず、教室の中で過ごす。
・教室で騒いだり走り回ったりせず、読書やお絵かきや折り紙など、教室で落ち着いてできる遊びをする。
・「雨の日グッズ」（トランプや UNO やジェンガなど）で遊んでもよい。予鈴が鳴ったら、使っている人全員で片付ける。
・図書室に行って本を借りてもよい（図書室のガイダンスが済んでから）。

　子どもたちは、休み時間をとても楽しみにしています。優先順位を明確に伝え、準備の仕方を具体的に教え、遊べる時間をできるだけ多く確保できるようにしてあげたいものです。子どもたちの休み時間を奪うことのないよう、授業終了時刻にも気をつけましょう。

12 「忘れ物」の指導

1 忘れ物を「防ぐ」指導

❶ 「忘れ物」について考える

　ただ「忘れ物をしてはいけません」と言うのではなく，「どうして忘れ物をしない方がよいのか」について，子どもたちと一緒に考える時間をとりましょう。「忘れ物をしたら，自分も困るし，周りの人にも迷惑がかかることがある」という意見を引き出し，「だから，忘れ物をしないように気をつけよう」という意識を高めます。

❷ 保護者の協力は必須

　とはいえ，入学してすぐの1年生に，「自分の力で忘れ物を防ぎなさい」というのは無茶な話です。忘れ物を防ぐには，保護者の協力が欠かせません。学年だよりや保護者会の中で，保護者に以下のようなお願いをします。

> ・週プログラムや連絡帳を見ながら，お子様と一緒に学習用具や必要なものを準備してください。保護者の方が全てするのではなく，「お子様が自分でできるようになるための手助け」をお願いします。
> ・学習用具を準備するときは，「時間割通り」（1時間目から順番に）にそろえて，ランドセルに入れるよう教えてあげてください。時間割通りにそろえることは，忘れ物を防ぐ効果もあります。

2 忘れ物を「したときの」指導

❶ 「忘れ物をしたときのルール」を伝える

　子どもたちに,「もし忘れ物をしたら,どうすればいいと思う?」と聞きます。「先生に言う」「友達に見せてもらう」などの意見が出るでしょう。「そうだね。忘れ物はしない方がいいけれど,気をつけていても,してしまうことはあるよね。忘れ物をしたときに,もしそのまま黙っていたら,とっても困るよね。『忘れ物をしたときにどうするのか』ということが,すごく大切なんだよ」と価値を語り,「忘れ物をしたときのルール」を伝えます。

> ・忘れ物に気づいたら,すぐに先生のところに来て,「先生,○○を忘れました。貸してください」(「何を忘れたのか」+「どうするのか」)と報告する。
> ・先生や友達から借りたものは,使い終わったらすぐに,きれいな状態に戻して,「手渡し」で返す。その際,必ずお礼を言うこと。

　私は,子どもたちが忘れたときのために,ほとんどの学習用具の予備を「貸出グッズ」として用意しています。そして,忘れ物をきちんと報告した子に,「はい,どうぞ」と笑顔で渡しています。このとき,「どうして忘れたの!?」「忘れ物をしたらダメでしょ!」といった「責めるような言い方」をしないように心がけています。責めたり怒ったりしても,忘れ物は改善しません。そうした指導を続けると,その子との関係も悪くなります。

❷ あまりにも忘れ物が続くようならば,保護者に協力を仰ぐ

　あまりにも忘れ物が続く場合は,連絡帳や電話で保護者に状況を伝え,協力を仰ぎましょう。保護者も,忙しい中,精一杯のことをしてくださっています。「○○くんのこれからのために,学校とご家庭が連携をとり,協力していきましょう」というスタンスで話をします。

13 「落とし物」の指導

1 落とし物は，どんなに気をつけていても，起こり得る

　「落とし物」は，どんなに気をつけていても，起こり得ます。うっかり物を落としてしまうのは，誰にでもあることです。大切なのは，「その落とし物に名前が書いてあるかどうか」と，「落とし物があったときの対応」です。

2 自分の持ち物全てに名前を書く

❶「記名」への意識を高める

　子どもたちに，「自分でも気づかないうちに，物をうっかり落としてしまうことは，誰にだってあるよね。落としてしまった物が，自分のところに戻ってくるためには，どうすればいいかな？」と聞きます。子どもたちは，「名前を書いておけばいい！」と答えます。「そうだね。名前が書いてあれば，誰の物なのかわかるから，その人に返してあげることができるよね。落とし物が自分のところに戻ってくるように，自分の持ち物全部に，はっきりと名前を書いておきましょうね」と話し，記名への意識を高めます。

❷「記名確認タイム」をとる

　「自分の持ち物に名前が書いてあるか，確認タイム〜！」と言って，記名を確認する時間をとります。「筆箱」→「お道具袋」→「机の引き出し」と，一つ一つ順番に行うと混乱しません。自分で確認するだけでなく，「お隣さんの持ち物に名前が書かれているか，チェックしてあげてね」と伝え，ペアで行ってもよいでしょう。

❸ 保護者の協力は必須

「忘れ物」と同じく，持ち物への記名にも，保護者の協力が欠かせません。学年だよりや保護者会の中で，保護者に以下のようなお願いをします。

> ・落とした物が自分のところに戻ってくるように，学校に持ってくる持ち物には，必ず全てに記名をお願いします。鉛筆1本，算数ブロック1個など，細かいものにも一つ一つ記名してください。自分の名前があることで，「これは自分の持ち物だ」と認識し，「物を大切にしよう」という気持ちが高まります。
> ・教室で一番多い落とし物は，筆箱の中の鉛筆や消しゴムです。筆箱の中の物がなくなったときにすぐに気づけるよう，学校で決められた「筆箱の中身の約束」(鉛筆5本，赤青鉛筆1本，消しゴム1個，定規1つ)を守るよう，ご協力をお願いします。

3 落とし物を拾ったら

落とし物に名前がある場合

その子に「落ちていたよ。どうぞ」と言って，「手渡し」します。受け取った子は，手渡してくれた子に，「ありがとう」と必ずお礼を言います。

落とし物に名前がない場合

先生に届けるように伝えます。「これは誰のですかー？」と，大声でいきなりみんなに聞こうとする子がいますが，そうはさせません。落とし物があったときこそ，記名への意識を高めるチャンスだからです。子どもたちを落ち着かせて，落とし物があったことを伝えます。そして，自分の持ち物かどうかを確認させます。その後，もう一度左ページの「記名確認タイム」をとり，自分の持ち物に記名をしてあるか再度チェックをします。これを繰り返すことで，だんだんと「名前のない落とし物」が減ってくるでしょう。

14 「他の場所に移動するとき」の指導

1 「みんなで並んで、静かに歩いて移動する」のは、どうして？

「教室から他の場所に移動する場面」は、学校生活において頻繁にあります。そして、その際の指導は、「教室で並ぶときの指導」と「廊下歩行の指導」に分けられます。

指導のはじめに、「教室から他の場所に移動するときは、みんなで並んで、静かに歩いていく」ということを伝えます。「どうしてだと思う？」と、子どもたちにその理由を考えさせます。何人かに発表させてもよいでしょう。

「みんなで並んで、静かに歩いていく」のは、「他のクラスの迷惑にならないようにするため」、そして「安全に移動するため」です。

特に子どもたちには、「他のクラスの迷惑にならないようにする」ということを、しっかりと考えさせたいものです。何十人もの集団が移動するだけでも目立つのに、ましてやうるさくすると、教室で学習している他のクラスの迷惑になります。「もし、自分が教室で勉強していて、廊下でうるさくされると、どんな気持ちがする？」と子どもたちに聞いてみてください。「嫌な気持ちがする」「静かにしてほしい」と言うと思います。

周りの人に迷惑をかけないように気を配ることは、集団生活を送る上で、とても大切なことです。それは、他者に対する「思いやり」の気持ちです。まずは、このことをしっかりと押さえる必要があります。

2 教室で並ぶときの指導

教室で並ぶときの合言葉は、「静かに、すばやく、まっすぐ」です。

・「静かに」…並ぶときに，ガヤガヤとうるさくしません。この「静かに」ができないと，「すばやく」と「まっすぐ」もできないでしょう。まずは「静かに」だけにポイントをしぼって，並ぶ練習をするとよいです。
・「すばやく」…のんびりせず，サッと並びます。中には，自分がのんびりしていることを認識していない子もいます。個別に声をかけたり，時にはタイムを計ったりして，「すばやく並ぶ意識」を高めていきましょう。
・「まっすぐ」…列をそろえてまっすぐ並びます。「小さい前へならえ」をしたり，「前の友達の頭を見よう」と声をかけたりして，列をピシッとそろえます。

　私は，並ぶときに，「机の上に荷物は出ていないか」「椅子をきちんと入れているか」も子どもたちと一緒に確かめています。いつもきれいな教室で過ごせるように，「並ぶ前に片付ける習慣」を身につけさせたいものです。

3　廊下歩行の指導

　「廊下歩行は，生徒指導の永遠の課題」といわれることがあります。「他のクラスの迷惑にならないように，廊下は静かに歩く」と頭ではわかっていても，ついおしゃべりをしたり，走ったりしてしまいます。

イメージをふくらませる
　「みんなは忍者です。周りの人に気づかれないように，『抜き足，差し足，忍び足』で歩きます」「赤ちゃんが寝ています。起こさないように，静かにそーっと歩きます」このような言葉で，子どもたちの廊下歩行のイメージをふくらませます。

やり直しをさせる
　できていない場合は，やり直しをさせます。その際，感情的にならずに，「どうしてやり直しをするのか」「次はどうすればよいのか」を，子どもたちに落ち着いて伝えることが大切です。

「保健室や職員室に行くとき」の指導

1 保健室に行くときの指導

　保健室は、怪我をした人が手当てをしてもらったり、具合の悪い人が休んだりする場所です。何もないのに行く場所ではありません。保健室は幼稚園や保育園にもあったので、子どもたちはよくわかっています。

　しかし、「保健室の先生は、たった1人（学校によっては2人）で全校のみんなを見てくれている。そのため、ちょっとしたことでみんなが保健室に行ってしまうと、保健室の先生は大変」ということまで、1年生は考えが及びません。「教室で手当てができる場合は教室で手当てをする」ということを子どもたちに教える必要があります。私の勤務校では、簡単な手当てができる救急箱が教室に用意されています。

　「教室で手当てをするか、保健室に行くか」は、担任が判断します。「保健室に行くには、担任の先生の許可をもらうこと」「戻ってきたら、どうだったのかを先生に報告すること」この2つを子どもたちと約束します。

保健室の入室・退室の仕方
①担任の許可を得てから保健室に行く。
②ノックをしてから、「失礼します」とあいさつをして入室する。
③「クラス」「名前」「怪我や具合の状況」を伝える（p.21参照）。
④治療後、お礼を言った後、保健室の方を向いて「失礼しました」とあいさつをして退室する。
⑤教室に戻り、どうだったのかを担任に報告する。

2 職員室に行くときの指導

　職員室は，様々な先生が仕事をしている場所です。学校の中で，一番「公的な場所」ですので，それにふさわしい所作が必要です。ところが，1年生は，大人数で「せんせーい！」とにぎやかに入ってくることがあります。子どもたちに，職員室がどのような場所かを伝え，以下のような入室・退室の仕方を教えましょう。また，どんなときに職員室に来てもよいか（「先生がいないときに怪我をした」「自分たちで解決できないけんかやトラブルが発生した」など）も，子どもたちと確認しておきます。

> **職員室の入室・退室の仕方**
> ①入室する前に，帽子や荷物は下ろす。
> ②ノックをしてから，「失礼します」とあいさつをして入室する。
> ③「クラス」「名前」「○○先生はいらっしゃいますか」と伝える。
> ④用事がある先生の近くに行き，落ち着いて用件を話す。
> ⑤職員室の方を向いて，「失礼しました」とあいさつをして退室する。

3 図書室や音楽室に行くときの指導

　図書室には学校司書の先生，音楽室には音楽の先生がいて，授業に来るのを待ってくれています。しかし，授業だからといって，ドカドカとにぎやかに入っていいわけではありません。以下のような所作が必要です。
・教室に入る前に，先頭の子がノックをする（教室から並んで行く）。
・「失礼します」とあいさつをして入室する。
・授業後，お礼を言った後，「失礼します」とあいさつをして退室する。
　また，授業後，退室する前に，「片付けの時間」（ピカピカタイム）をとるとよいです。「次に使うクラスのためにも，きれいにしようね」と伝えます。

 「校内放送」の指導

1 「校内放送」が入ったら…？

　どの学校にもある校内放送。校内放送が入ったとき，子どもたちは動きを止めて，静かに放送を聞いているでしょうか。休み時間に校内放送が入ったときは，遊びに夢中になっていて，聞いていない・聞こえていないということもあるのではないでしょうか。
　校内放送の内容は，以下のように様々です。
・教員に関するお知らせ
　（電話や来客，急な打ち合わせによる呼び出し　など）
・児童に関するお知らせ
　（委員会や児童会の召集　など）
・急な日課変更に関するお知らせ
　（朝会の中止，休み時間の変更　など）
・緊急時の指示
　（災害，事件，事故　など）
・その他のお知らせ
　（雨天時の廊下歩行注意喚起　など）
　特に「緊急時の指示」においては，生命や安全を守るために，校内放送をしっかりと聞いて適切な対応をとらなくてはなりません。そのためには，

> 　校内放送が入ったら，どんなときでも，何をしていても，動きを止めて静かに聞く

ということを習慣にしておく必要があります。いつ緊急時を迎えるかはわからないのですから。

2 「校内放送」の指導の流れ

「校内放送」について説明する

　「みんな，（スピーカーを指しながら）これを見てください。これは何ですか？　そうです，スピーカーです。小学校では，このスピーカーが『ピンポンパンポーン』と鳴って，放送が入ることがあります。放送では，みんなや先生に向けて，大切なお知らせをしてくれます。地震や火事が起こったときは，命を守るために，どうやって逃げればよいかを教えてくれます」

子どもたちに考えさせる

　「地震や火事が起こったとき，もし放送を聞いていないと，どうなりますか？（考えさせる）そうですね，逃げ遅れてしまうかもしれませんね。普段から，このスピーカーから『ピンポンパンポーン』という放送の合図があったら，ちゃんと聞くようにしましょう。ちゃんと聞くためには，どうすればいいですか？（考えさせる）大切なのは，『**動きを止めて，静かをつくる**』ことです。これを放送を聞くときの合言葉にしましょう。（何回か子どもたちに言わせる）」

何度か練習してみる

　「では，できるかどうかやってみましょう。みんな，教室中を自由に歩きながら，わいわいとお話をしてください。先生が『ピンポンパンポーン』と言ったら，何をしていても，どこにいても，ピタッと動きを止めて，静かを作ってくださいね。（何度かやってみる）」

　この後，実際に放送が入るたびに，「動きを止めて，静かをつくる！」という合言葉を伝えていきましょう。

17 「学級文庫や掃除道具のしまい方」の指導

1 学級文庫や掃除道具は,「公共物」

　p.64の「机の中」「廊下のフック」「ロッカー」にしまうものは,「私物」です。しかし,本項の「学級文庫」や「掃除道具」は,みんなで使うもの,すなわち「公共物」となります。

　自分のものではないからといって,乱雑に扱ったり,いい加減に片付けたりすることのないように指導していきます。公共物だからこそ,「次の人のために」「みんなのために」という気持ちで扱える子どもを育てたいものです。すなわち,以下のことが,公共物のしまい方のポイントです。

> 　次に使う人が気持ちよく使えるように,整理整頓されていて,見た目がきれいであること。

2 「学級文庫や掃除道具のしまい方」の指導のポイント

学級文庫
・向きをそろえて並べる。上下が反対になったり上に乗ったりしている本がないようにする。
・同じシリーズのものは,巻数順に並べる。
・高さをそろえると,見た目がきれいになる。
・本立てを使い,本が倒れないようにする。

掃除道具

・「ほうき」「ちりとり」「小ぼうき」「バケツ」などを，掃除道具入れの所定の場所にきれいにしまう。
・それぞれの掃除道具ごとに向きをそろえると，見た目がきれいになる。
・掃除道具一つ一つにビニールテープを貼り，誰が使うのか名前を書いておくとよい。責任の所在がはっきりとし，「自分の掃除道具をきちんと片付けよう」という意識が高まる。

　どちらも，口頭で伝えるだけでは，イメージがわきにくいものです。学級文庫の前，そして掃除道具入れの前に子どもたちを集めて，説明しながら実際にやって見せましょう。

3 「きれいを保つ」ために…

　私物と同じく，公共物も「きれいを保つ」のは難しいものです。下記のような工夫を取り入れ，「みんなで使うものだからこそ，いつもきれいにしておこう」という意識を高めていきましょう。

・きれいに片付いている状態の写真を，よく見えるところに常に貼っておき，意識づける。
・掃除の時間に，学級文庫や掃除道具入れを片付ける時間をとる。
・「きれいな状態」と「きたない状態」をあえてつくり，どう感じたかを発表させることで，「きれい」を保つことの価値を感じさせる。
・「学級文庫チェック」「掃除道具入れチェック」を行い，「きれいを保つ」ことへの意識を高める。

 「立ち方」「礼の仕方」の指導

1 「立ち方」の指導

　授業中に子どもたちに「起立！」と指示したら，次のような状態になることはありませんか。
・何人かが遅れてバラバラと立つ。
・指示が聞こえておらず，座っている子もいる。
・椅子を入れている子もいれば，入れていない子もいる。
　このような状態が続くと，全体の雰囲気がだんだんと緩んでいってしまいます。まずは，「立つときの指導」をして，サッとすばやく立つことができるようにしていきます。

立つときの指導
・「起立！」と言ったら，「1・2・3！」（3秒以内）で立つ。
　（教師が「1・2・3！」とカウントしても，子どもたちにカウントさせてもよい）
・椅子を入れて立つ。合言葉は，「席立つときは，椅子しまう♪」
・立ったら，「気をつけ」をして待つ。
・隣の友達が気づいていないようなら，声をかけてあげる。

　次は，「立ち姿」の指導です。教師がお手本を示したり，右のようなイラストを見せたりして，指導していきましょう。

> **立ち姿（気をつけ）の指導**
>
> ・両足の裏を，床にぺたんとつける。
> ・背筋と指先を伸ばす。
>   合言葉は「背筋ピーン！」
>   「指シャキーン！」
> ・顔を上げて，しっかりと前を向く。
>   合言葉は「目はキラーン！」
> ・体をゆらさない。

2 「礼の仕方」の指導

　「礼の仕方」は，１年生にとって難関です。自分では正しく礼をしているつもりでも，背中が丸まっていたり，首だけをピョコンと曲げていたりします。教師から見るとついクスッと笑ってしまうような姿です。礼の仕方も，お手本を示したりイラストを見せたりして，指導していきましょう。

> **礼の指導**
>
> ・背筋は伸ばしたままで，腰から曲げる。
> ・曲げる角度の目安は「45度」。
> ・首はまっすぐ。目線は足元。
> ・１で曲げる。２で静止。
>   ３で気をつけに戻す。４で相手の顔を見る。

　いずれの指導も，チャレンジしている姿をほめながら，根気強く，声をかけ続けていきましょう。

19 「座り方」「挙手の仕方」の指導

1 「座り方」の指導

　「子どもと姿勢研究所」の西村猛氏によると，姿勢が悪いことで，以下のような悪影響があるということです。

> ・体の不調（呼吸が圧迫されて酸素を取り入れにくくなる，筋肉が固くなる，腸など内臓の働きが悪くなる）
> ・学力の低下（覗き込むように字を書いたり目を斜めに使ったりすることで，勉強の継続が困難）
> ・怪我の増加（柔軟性がなくなり，つまずいたり転んだりしやすくなる）
> ・自己肯定感の低下（姿勢が悪いことで自信がなさそうに見える）

　小学校では，「座る」時間がとても長いです。授業中はもちろん，朝の会や給食中など，ほとんどの時間を座って過ごします。上記のような悪影響が出ないよう，「正しい座り方」を子どもたちに教える必要があります。

> **座り方の指導**
> ・「グー」…机とお腹の間は，「グー」（握りこぶし）1つ分あける。
> ・「ペタ」…両足は「ペタ」ッと床につける。
> ・「ピン」…背筋は「ピン」と伸ばして，顔を上げる。
> ・「サッ」…話を聞くときは，手を「サッ」とひざに置く。
> 　　　　　　字を書くときは，「サッ」と字を書く姿勢にする。
> ⇒これらをまとめて，合言葉は「グー，ペタ，ピン，サッ！」

説明したら,実際にやらせてみて,一人一人に応じて個別指導をします。
その後は,できていたらほめたり,できていなかったら繰り返し教えたりして,「正しい座り方」への意識を高めていきます。何事もそうですが,習慣にするには時間がかかります。焦らずに,根気強く指導していきましょう。

また,我が子の「座り方」は,保護者も気にするポイントです。左ページのようなエビデンスを示したり,学級での指導の仕方を伝えたりして,保護者にも協力を仰ぐとよいでしょう。

2 「挙手の仕方」の指導

授業中や教師の話の中で,挙手をする場面があります。この「挙手の仕方」を指導するとき,私は以下のようなことを伝えています。

> **挙手の仕方の指導**
> ・手はパーにして,指と指をくっつける。
>   合言葉は,「指にボンド!」
> ・手を挙げるときは,ひじを曲げず,
>   まっすぐにピン!と挙げる。
>   合言葉は,「天井に指を突き刺す!」
> ・腕は,ふらふらしないように耳につける。
>   合言葉は,「腕は耳にピタッ!」

いずれの指導も,基本は「ほめる」「認める」です。できるようになったことやチャレンジしようとしていることをほめたり認めたりして,子どもたちの「やる気スイッチ」をONにしていってください。

 「話し方」「聞き方」の指導

1 どうして「話し方」と「聞き方」を指導するの？

　1年生に限らず、どの担任の先生でも、「話し方」と「聞き方」の指導をすることでしょう。「話し方」と「聞き方」は、国語科においても「話すこと・聞くこと」として、領域の一つに位置づけられています。「話すこと・聞くこと」をテーマにして校内研究を行っている学校もたくさんあります。

　では、どうして「話し方」と「聞き方」の指導をするのでしょうか？　それは、「こんな子どもになってほしい」「こんなクラスにしていきたい」という「教師の願い」の部分です。それをよく考え、自分の心にストンと落ちた上で指導をしないと、ただ「もっと大きな声で話をしなさい！」「話をしっかり聞きなさい！」と、高圧的な指導になりかねません。

　私は、「話し方」と「聞き方」の指導を通して、「他者を理解し、思いやりをもって接することができる子になってほしい」という願いがあります。

　「他者を理解する」というのは、相手の言うこと全てに同調するということではありません。相手と話をすると、自分との「違い」に気がつきます。その「違い」を拒絶するのではなく、「違い」があることを認め、「違いがあるからこそ、お互いに理解していこう」という気持ちで相手に接することができる子どもになってほしいと願っています。すなわち、「豊かな人間関係づくり」のために「話し方」「聞き方」を指導するのです。

　「話し方」「聞き方」の指導をするときは、そういった「教師の願い」の部分も、子どもたちに伝えていくとよいでしょう。

2 「話し方」「聞き方」の指導のポイント

● POINT ●「話し方」のポイント

- ・聞き手の方を向く
- ・聞き取りやすい速さ
- ・姿勢と表情
- ・目と口をしっかり開ける
- ・その場に応じた声の大きさ
- ・その場に応じた言葉遣い
- ・大きく息を吸う
- ・状況によって身振り・手振りをつける

● POINT ●「聞き方」のポイント

- ・話し手の方を向く
- ・姿勢と表情
- ・あいづちを打つ
- ・うなずきながら聞く
- ・最後まで聞く（途中で話をさえぎらない）
- ・聞き終わったら反応を示す

　他の指導と同じく，まずは教師が手本を示しながら，上記のポイントを一つずつ説明していきます。具体的に説明することと，実際にやらせてみることが大切です。

　例えば，「声の大きさ」は，「声のものさし」という，声の大きさの度合い（1の声～5の声）を視覚的にわかりやすく表したイラストを見せて説明し，実際にそれぞれの大きさの声を出させてみます。「言葉遣い」は，「僕は」「私は」「～です」「～します」といった言葉遣いを教え，実際に使わせてみます。「あいづち」は，「うん，うん」「いいね」「なるほど」「わかる」「そうだね」といったあいづちを教え，実際にやらせてみます。

　「聞き方」については，4～5人のグループを作り，両極（「よい聞き方で話を聞いてもらったとき」と「話をちっとも聞いてもらえないとき」）を体験させるアクティビティを行うと，「聞くことの大切さ」を実感するでしょう。

　よい「話し方」と「聞き方」は，一朝一夕に身につくものではありません。学校生活のあらゆる場面において，繰り返し指導していきましょう。

21 「あいさつ」の指導

1 どうしてあいさつは大切？

　学校では，子どもたちに，あいさつの指導をします。ほとんどの学校で，毎月の生活目標に「あいさつ」についての項目があります。では，どうしてあいさつの指導をするのでしょうか？　どうしてあいさつは大切なのでしょうか？

　あいさつを指導するにあたり，教師自身が，「どうしてあいさつの指導をするのか」「どうしてあいさつは大切なのか」について，自分の考えをもつことが，「あいさつ指導の第一歩」だと考えています。

　私は，あいさつは，「人と人が良好な関係を築いていくための大切なコミュニケーション」の一つと捉えています。しかし，そのままの言葉で１年生に伝えても，理解してもらえません。１年生に応じた様々な指導を通して，「あいさつのよさ」を体感させていきます。

2 「あいさつ」に関する指導

　「あいさつ」に関する指導をいくつか紹介します。

あいさつジャンケン

　（Aくん）「おはよう！」（Bくん）「おはよう！」（２人で）「ジャンケン，ポン！」と，あいさつをした後にジャンケンをします。ジャンケンをすることで，楽しみながらあいさつができます。朝の会や帰りの会の「全体のあいさつ」の後に入れるとよいです。

絵本の読み聞かせ

『挨拶絵本』（五味太郎），『あいさつがいっぱい』（工藤直子），『あいさつ団長』（よしながこうたく）など，あいさつに関する絵本を読み聞かせし，どう思ったか発表させます。その後，「じゃあ，お友達に，気持ちを込めてあいさつしてみよう」と，あいさつをする時間をとります。

あいさつのよさを体感

4～5人のグループになります。1人が「おはよう！」とグループのみんなにあいさつをしますが，誰もわざとあいさつを返しません。どんな気持ちになるか発表します。その後，もう一度「おはよう！」とグループのみんなにあいさつをします。今度はみんな「おはよう！」と笑顔であいさつを返します。どんな気持ちになるか発表します。

3 教師の率先垂範

あいさつの指導において，「声が小さいよ！」「もっと大きな声で言って！」といった，「声の大きさ」だけに着目している指導言を聞くことがあります。

確かに，聞こえないぐらい小さな声でのあいさつは，改善していく必要があります。しかし，「声の大きさ」だけに着目するのは，見た目だけを整えているのと同じです。

あいさつの指導にあたっては，そのよさや価値を繰り返し伝えていき，「自分から進んであいさつをしよう」と思える子どもを育てていきたいものです。

そのためには，やはり一番は「教師の率先垂範」です。朝と帰りに，教師が子どもたち一人一人に笑顔であいさつをしましょう。他の先生や保護者に進んであいさつをしている姿を見せましょう。「教師が最大の教室環境」です。1年生にとっては，担任の先生の姿が一番のモデルとなります。

22 「返事」の指導

1 どうして返事は大切？

　前項（p.96）のあいさつ指導と同じく，返事の指導においても，教師自身が「どうして返事を指導するのか」「どうして返事は大切なのか」について，自分の考えをもつことが第一歩です。

　返事も，あいさつと同じく，「人と人が良好な関係を築いていくための大切なコミュニケーション」の一つです。誰かに話しかけたのに返事がなかったら，どんな気持ちになるでしょうか。返事は「あなたの話を聞いているよ」「あなたの存在を認めているよ」という意思表示の表れです。

　また，「はいっ！」と返事をすると，気持ちが引き締まります。「さあ，やるぞ！」という前向きな気持ちになります。

　返事の指導を通して，相手のためにも自分のためにも，しっかりとした返事ができる子どもを育てていきたいと考えています。

2 「返事の仕方」の指導

　私は，以下のように返事の仕方を教えています。

①返事をするときは，何と言いますか？（発表させる）
②そうですね。「はい」ですね。（板書する）
③みんなは１年生になったので，レベルアップした返事の仕方を教えますよ。実は，「はい」の後に，ある文字をつけると，返事がレベルアップします。何をつければよいと思いますか？（発表させる）

④実は,小さい「っ」と「！」をつけるのです。(板書する)これで,「はいっ！」という返事になりました。
⑤「はい」と「はいっ！」は,似ているようで,全然違いますよ。先生が言ってみるので,聞いていてくださいね。(何回か言ってみる)
⑥どう違いましたか？(発表させる)
⑦では,みんなで「はいっ！」と返事をしてみましょう。「短く」「するどく」言うのですよ。(返事をさせる)
⑧どんな気持ちになりましたか？(発表させる)
⑨これから返事をするときには,「はいっ！」という気持ちのいい返事をしていきましょうね。

3 できている子をほめて，よい影響を周りに広げる

　返事の仕方を教えたら，次は返事を習慣化させていくことを考えましょう。前項のあいさつ指導では，「教師の率先垂範が大切」と書きました。返事においても，もちろん教師の率先垂範は欠かせません。教師が「はいっ！」と気持ちのいい返事をしている姿を，子どもたちに見せてあげてください。

　その他のポイントとしては，「できている子をほめる」ことです。

　例えば朝の会の健康観察で，「はいっ！」と気持ちのいい返事をした子がいたら，「さきさん！　すごくいい返事だねぇ！」とほめましょう。授業中に指名した子が「はいっ！」と気持ちのいい返事をしたら，「りょうくんの今の返事，すばらしいなぁ！」とほめましょう。このように，全体の場でよさを認めることで，よい影響を周りに広げていくのです。

　返事の指導においても，そのよさや価値を繰り返し伝えていき，「しっかりと返事をしよう」と思える子どもを育てていきたいものです。

23 「言葉遣い」の指導

1 「きちんとした言葉遣い」ができる子に

　1年生の言葉遣いで気になるのが、「単語のみで用件を伝えようとする」ことです。代表的なものが、「先生、トイレ！」という言葉です。もちろん、そう言われたら、「ああ、トイレに行きたいんだな」ということはわかります。しかし、このような言葉遣いのままでよいのでしょうか。私はそうは思いません。このような言葉遣いのままだと、別の場面で「失礼な子だな」と思われ、その子が困ることがあるかもしれないからです。

　話すとき、相手に失礼のないように、礼儀正しくきちんとした言葉遣いができる子になってほしいと思っています。そのためには、「先生は『トイレ』ではありませんよ」「『トイレ』が一体どうしたの？」とその子に伝え、「先生、トイレに行ってきます」と、きちんとした言葉遣いで話す習慣を身につけさせたいものです。

2 ケース別「言葉遣い」の指導のポイント

教師や目上の人に対する言葉遣い

　教師に、まるで友達のように話しかけてくる子がいます。しかし、教師は友達ではありません。「教師や目上の人には、礼儀正しく、丁寧な言葉遣いで話をする」ことを伝えます。以下のような「先生への言葉遣いクイズ」をするとよいでしょう。

〈先生への言葉遣いクイズ〉
①AとBを挙げて、正しい方を選ばせる。

A「先生，トイレ！」　　　B「先生，トイレに行ってきます」
　　A「先生，ボール取って！」B「先生，ボールを取ってください」
　　A「校長先生，おはよう！」B「校長先生，おはようございます」
②Bが正解であると伝えた後，どうしてBが正解だと思ったのかを子どもたちに聞き，何人かに発表させる。
③正しい言葉遣いの練習をする（実際に言わせる）。

友達に対する言葉遣い

　たとえ友達であっても，「名前の呼び捨て」はしないようにしたいものです。呼び捨てにすると，その後に続く言葉はどうしても強いものになります。呼び捨てにせず，「くん」「さん」をつけると，その後の言葉は自然とやわらかいものになります。

　　×「げん！その本貸して！」→ ○「げんくん，その本，貸してくれる？」

　子どもたちに，「呼び捨てで強く言われた場合」と「くん・さんづけで優しく言われた場合」の両方を体感させ，どちらがよいか聞いてみてください。

授業における言葉遣い

　時折，「授業中でも，休み時間と同じような言葉遣いで話をさせた方が，子どもがいきいきと話すことができる」という意見を聞くことがありますが，私はそうは思いません。大人になり，会社の会議やプレゼンテーションの場で，くだけた言葉遣いで話すことはまずありません。ＴＰＯをわきまえて，礼儀正しく丁寧な言葉遣いで話をするものです。授業において，「みんなの前でしかるべき言葉遣いで話す力」を身につけさせることは，大切であると考えています。

　　×「～だよね」→ ○「～です」「～だと思います」
　　×「うん」→ ○「はい」「そうです」
　　×「～していい？」→ ○「～してもいいですか？」

 # 「鉛筆の持ち方」の指導

1　鉛筆の持ち方が悪いと…

「青少年の生きる力を育むための総合的調査研究」（文部科学省，1998年）に，「鉛筆の持ち方」に関する以下のデータがあります。

> 「鉛筆を正しく持って使える」割合は，どの学齢段階においても1割以下と極端に低く，加齢による増加もあまりみられない。（中略）**鉛筆の持ち方は低年齢のうちに身につき，その使い方が固定してしまうものと思われる。**
> （下線部は筆者）

鉛筆の持ち方が悪いと，
・鉛筆をスムーズに動かせず，形の整った字が書けない。
・指に力が入りにくく，濃くしっかりとした字が書けない。
・間違った持ち方は疲れやすく，集中が長続きせず，学習効果が低下する。
・書いている部分が見えにくいので，字を見ようとして姿勢が悪くなる。
などのデメリットがあるといわれています。子どもたちのこれからのためにも，1年生の最初のうちに，「正しい鉛筆の持ち方」を指導しましょう。

間違った鉛筆の持ち方の例

2 「鉛筆の正しい持ち方」の指導のポイント

お話仕立て

　「正しい鉛筆の持ち方」のイラストを黒板に貼ります。教師が鉛筆を持って，以下のお話をしながら手本を示します。

①「みんなの親指と人差し指はワニさんです。みんな，パクパクしてみて」
　（親指と人差し指でパクパクする動作をする）
②「ワニさん，鉛筆くんをパクッとくわえてください」
　（親指と人差し指で鉛筆をパクッとはさむ）
③「パクッとしたら，残りの指で鉛筆くんをギュッと抱きしめてあげてね」
　（中指・薬指・小指を添える）

　この後は，「パクッ，ギュッ！」が合言葉です。教師が「正しい鉛筆の持ち方は？」と聞いたら，子どもたちが「パクッ！　ギュッ！」と答えます。

矯正器具

　今は，インターネットで調べると，様々な矯正器具が販売されています。しかし，値段が高いこともあり，クラス全員分をそろえるのは大変です。
　私のおすすめは，「ダブルクリップ」です。100円ショップでまとめて買うことができますし，矯正効果も抜群です。
①ダブルクリップを鉛筆につける。
　（固くてつけられない子には支援が必要です）
②銀色の金具の間に人差し指を入れて握る。
③あら不思議！　自然と正しい持ち方になる。
　ダブルクリップは，子どもたちに一つずつプレゼントし，常に筆箱に入れさせておくとよいでしょう。

 # 「箸の持ち方」の指導

1 「箸の持ち方」についてのエピソード

「箸の持ち方」について，私自身の恥ずかしいエピソードがあります。

私は，大学1年生まで，箸の持ち方が間違っていました。大学の先輩とファミリーレストランに行ったとき，「箸の持ち方，変だよ」と指摘されました。すごく恥ずかしかったのを今でも覚えています。それから，正しい箸の持ち方を調べて練習し，正しく持てるようになりました。今となっては，そのときにズバリと言ってくれた先輩にとても感謝しています。

私のように，小さい頃に間違った持ち方で覚えてしまうと，なかなか直すことができません。大人になっても間違った持ち方のままだと，ややもすると「行儀が悪い」と思われかねません。

「青少年の生きる力を育むための総合的調査研究」（文部科学省，1998年）によると，「『箸を正しく持って使える』割合は，年齢とともに増加傾向にあるものの，小学校全体で15.7％，中学校全体で23.1％，高校で23.7％と，2割強にとどまっている」ということです。

前項（p.102）の鉛筆と同じく，子どもたちのこれからのためにも，1年生のうちに「正しい箸の持ち方」を身につけさせましょう。

 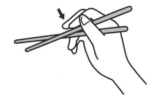 

間違った箸の持ち方の例

2 「箸の正しい持ち方」の指導のポイント

①1本だけ箸を用意し、鉛筆と同じように持つ。
　※「鉛筆の持ち方」は p.103参照。

②人差し指と中指を使って、クイクイッと上下に動かす練習をする。
　※このとき、親指の関節を曲げないように注意！

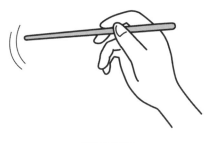

①②の状態

③②ができるようになったら、もう1本の箸を親指と人差し指の間の根元にはさみ、薬指で支える。
　※これで「箸の正しい持ち方」の完成！

④正しい持ち方のまま、②の練習をする。
　※上の箸の先端を下の箸の先端にカチカチと当てる。下の箸は動かず、上の箸だけ動くと○。

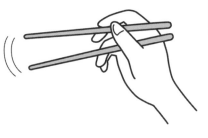

③④の状態

給食中に、上記①〜④の「お箸練習タイム」の時間をとり、教師が手本を示しながら、練習を繰り返していくとよいでしょう。

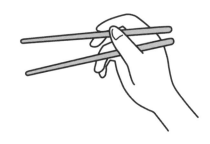

正しい箸の持ち方

【参考文献】

- 堀裕嗣・宇野弘恵編著『学級経営すきまスキル70　小学校低学年』明治図書，2017年
- 堀裕嗣・宇野弘恵編著『生活指導すきまスキル72　小学校低学年』明治図書，2017年
- 主婦の友社編『小学1年生の困った！レスキューブック』主婦の友社，2014年
- 広山隆行『担任になったら必ず身につけたい！小学校低学年困った場面の指導法』明治図書，2017年
- 俵原正仁・原坂一郎『若い教師のための1年生が絶対こっちを向く指導！』学陽書房，2015年
- 多賀一郎『今どきの1年生まるごと引き受けます』黎明書房，2014年

1年間の流れをつくる！

④ 小1学級システム

パーフェクトガイド

PERFECT GUIDE

01 「日直」の指導

1 日直の経験を通してつけたい力は？

　日直の仕事は，クラスによって違いがあります。そのクラスによって必要なものを，「日直の仕事」として位置づけているからです。そういう意味では自由度がある活動だけに，「日直の経験を通して，どんな力を伸ばしていきたいか」ということを担任が意識し，日直に取り組ませたいものです。
　私は，日直の経験を通して，
・クラスのために必要な仕事を覚えること
・自分に与えられた役割を，責任をもってやり遂げること
・友達と協力して仕事に取り組むこと
・人前で話したり，みんなをまとめたりする体験を積むこと
などをねらいとしています。こうしたねらいは，子どもたちにも伝えていきます。1年生の子どもたちは，やる気満々でわくわくしながら日直の仕事に取り組みます。保護者から，「家でも，『早く日直が回ってこないかなぁ』と楽しみにしていました」という声をいただくことがあります。

2 日直の仕事の詳細

日直の人数

　私のクラスの日直は「2人」です。2人だと，友達と協力し，声をかけ合ったり助け合ったりして仕事に取り組むことができます。1人きりだと不安を感じる子も，2人だと安心します。2人体制であっても，仕事を分担することで，一人一人に責任感をもたせることができます。

日直の仕事内容

　私のクラスの日直の仕事は，以下の通りです。
〈朝〉「朝の会の司会」
〈日中〉「授業の号令」「黒板消し」「電気の点灯・消灯」「窓の開け閉め」
〈帰り〉「帰りの会の司会」「帰りの仕事」（机の整頓・ゴミ拾い・明日の予定
　　　の掲示など）
　この他にも，「１分間スピーチ」「学級日誌」「給食の号令」「今日のめあて決め」「生き物への水やり・エサやり」などを入れていたこともありました。子どもたちの実態と担任の教育観に基づいて，日直の仕事を決めてください。

日直の決め方

　私のクラスは，「席順」で２人ずつ日直をしています。「席順」のよさは，順番が明確で，「いつ」「誰と一緒に」日直をするのかがわかりやすいところです。「全員が２回日直をしたら席替え」というシステムも併用しています。「席順」の他にも，「出席番号順」や「くじ引き」などの決め方があります。

「日直の名札」の掲示物

　写真と名前を入れ，見やすい名札を作成します。日直の順番通りにまとめておき，１枚めくると次の日直の名札が出るようにしておくと便利です。

「日直の仕事内容」の掲示物

　「日直の仕事内容」を，一つ一つプレートにしておきます。以下のように，終わった仕事のプレートを裏返せるようにしておくと，どこまで仕事が終わったのかが視覚的にわかりやすく，達成感を感じます。

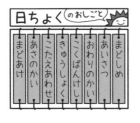 

「朝の会」の指導

1 「朝の会」のねらいは？

　日本全国のほとんどの小学校で，昔から行われてきた「朝の会」。しかし，この「朝の会」は，学習指導要領において明確な位置づけはされていません。ということは，極端な話，「朝の会」を実施しなかったとしても，問題はありません。では，この「朝の会」を一体何のために毎朝行っているのでしょうか。「どのクラスもしているから」となんとなく行うのではなく，教師がねらいをもって行うことが大切です。

　私は，朝の会には，
・家モードから学校モードへの切り替え
・学校生活のスタートの意識
・一日の活動の見通しをもつ
というねらいがあると考えています。

　それらをふまえた上で，私は右のようなプログラムで1年生の朝の会を行っています。

```
①あいさつ
②「クラス目標」の斉唱
③歌
④みんなから
⑤先生から（健康観察含む）
```

　これらの他にも，「今日のめあて」「日直スピーチ」「ゲームやクイズ」「ペアトークやグループトーク」などを入れていたこともありました。子どもたちの実態と担任の教育観に基づいて，朝の会のプログラムを決めてください。

2 「朝の会のプログラム」の詳細

あいさつ
　私は，「先生に向けてのあいさつ」と「友達に向けてのあいさつ」を分け

て行っています。まずは先生に向かってみんなであいさつをします。その後，隣同士や班の中であいさつをします。教室を自由に歩きながら，みんなでわいわいと「あいさつジャンケン」をすることもあります（p.96参照）。

「クラス目標」の斉唱

「クラス目標」が決まった次の日から，毎朝みんなで「クラス目標」を斉唱し，意識を高めます。日直が「クラス目標！」と言ったら，全員で声をそろえて言います。

歌

基本的に，学校で決まっている「今月の歌」を歌います。１年生なので，４月は真っ先に「校歌」を歌います。毎日同じ歌を歌うことでマンネリ感が出てきたら，別の歌を歌って刺激を与えることもあります。

みんなから

係活動や当番活動からの連絡です。例えば遊び係が「今日のクラス遊び」を伝えたり，誕生日係が誕生日の友達のお祝いをしたりします。何も連絡がないときは，みんなで「ありません」と言います。

先生から（健康観察含む）

まずは健康観察をします。その後，予定表を見せながら，一日の予定を説明し，見通しをもたせます。１年生なので，端的にわかりやすく説明します。最後に，「今日も一日がんばろう！」といった前向きな言葉をかけます。

３ 「朝の会」を行う上で気をつけていること

・１時間目に食い込まないようにする。
　（食い込みそうなときは，歌や連絡を短くして時間調整をします）
・机の上の物を全てしまい，集中しやすい環境にしてから行う。
　（１年生は，机の上に物があると，触って遊んでしまいます）
・「朝の会」の台本を用意して，読めばスムーズに進行できるようにする。
・「返事」「姿勢」「聞き方」などの継続的な指導を入れていく。

03 「帰りの会」の指導

1 下校時刻を守る！

　「帰りの会」も，前項（p.110）の「朝の会」と同様，教師がねらいをもって行うことが大切です。しかし，「帰りの会」では，絶対に気をつけなければいけないことがあります。それは，

> 下校時刻を守る

ということです。
　保護者は，我が子が学校から安全に帰ってくることを何より望んでいます。そのため，下校時刻を過ぎて下校させてしまうと，保護者に心配をかけてしまいます。また，保護者だけでなく，学童や放課後ルームにも迷惑をかけることになります。
　下校時刻を守るには，「帰りの会」のプログラムを絞り込むことです。プログラムが多すぎることが，下校時刻を過ぎてしまう大きな原因です。
　それをふまえた上で，私は右下のようなプログラムで１年生の帰りの会を行っています。
　これらの他にも，「今日がんばったこと・反省」「係・当番からの連絡」「ゲームやクイズ」などを入れていたこともありました。子どもたちの実態と担任の教育観に基づいて，下校時刻に気をつけてプログラムを立ててください。

①はじめのあいさつ
②先生から
③机の整頓・ゴミ拾い
④さようなら

2 「帰りの会のプログラム」の詳細

はじめのあいさつ
　「これから，帰りの会を始めます」というお決まりの言葉です。全員が帰りの支度を終え，着席して落ち着いた状態になってから始めます。

先生から
　今日一日を振り返っての子どもたちのよさやがんばりと，明日の主な予定を伝えます。できる限り簡単に手短に行います。

机の整頓・ゴミ拾い
　「さようなら」をするために起立をしたら，机の中の引き出しを机の上に出します。これは，引き出しの中が整理整頓されているかどうかを確認するためです。そして，机の脚を床に書かれている印に合わせ，机の向きをきれいに整えます。最後に，自分の席の近くにゴミが落ちていたら拾います。このようにして，「きれいな教室をみんなでつくる」意識を高めます。

さようなら
　教師に向けて「さようなら」をした後，隣同士や班の中でも「さようなら」をします。最後に教師と「さようならジャンケン」をします。帰りの会終了後は，靴箱まで子どもたちを見送り，一人一人とハイタッチをします。

3 「帰りの会」を行う上で気をつけていること

　「帰りの会」を行う上で，「下校時刻を守る」以外に，私は以下のようなことに気をつけています。

・「帰りの支度」を全て終わらせてから行う。水筒や名札のチェックも含む。
　（帰りの支度の指導は，1年生担任の大切な仕事です）
・「帰りの会」で，子どもたちにお説教をしない。笑顔で帰らせる。
　（「希望の登校，満足の下校」を心がけています）
・「帰りの会」の台本を用意して，読めばスムーズに進行できるようにする。

04 「給食」の指導①
―グループと役割―

1　給食当番のグループ決め

　給食当番は，7～8人のグループを作り，ローテーションしていきます。給食が始まるまでの子どもたちの様子を見て，教師がグループを決めます。グループは，「男女混合」にして，男子と女子で協力し合う状況をつくります。以下のような一覧表を作ると，子どもたちがわかりやすいでしょう。

　グループには，以下のように「アンパンマングループ」「ドラえもんグループ」といった，子どもたちに身近なキャラクターの名前をつけると，すぐに自分のグループを覚えてくれます。

　給食当番は，1週間交替にしています。初めてなので，一通りローテーションするまでが大変ですが，2回目になるとかなり落ち着きます。

　名前の前の①②などの番号は，その子の「白衣の番号」に対応しています。

きゅうしょくグループ
みんなできょうりょくして，「じゅんび」と「はいぜん」をしよう！

グループのなまえ	はくいのばんごう
アンパンマン	①ちはや ②あゆむ ③ともひさ ④りょうた ⑤さきこ ⑥さやか ⑦ちか
ドラえもん	①ひであき ②ゆうき ③だいき ④たつや ⑤あや ⑥さおり ⑦るみ
ポケモン	①ともひと ②たかひろ ③ゆうじ ④ゆうた ⑤さき ⑥ひかり ⑦しおり
ようかいウォッチ	①まさき ②せいや ③けいた ④たかあき ⑤りさ ⑥なな ⑦もえの

2 グループ内の役割決め

　給食グループを決めたら，一人一人の役割を決めます。「一人一人の役割」というと，「おかず」や「スープ」などの「配膳中の役割」がすぐに思い浮かびます。しかし，給食には，「準備」→「配膳」→「後片付け」という３つの場面があります。ということは，この３つの場面のそれぞれにおいて，一人一人の役割を示す必要があります。以下は，私が１年生で使っていた「給食当番役割表」です。

準備
　「配膳台」を，誰が出すか。「配膳車」を，誰が持ってくるか。
配膳
　「おかず」「スープ」「ごはん」「果物」などを，誰が配膳するか。
　※スープは，慣れないうちは教師の補助が必要です。
後片付け
　「配膳台」を，誰が片付けるか。「配膳車」を，誰が持っていくか。

 「給食」の指導②
―練習と本番―

1　給食配膳の練習

　実際に給食当番をする前に，給食配膳の練習をします。私は，栄養士の先生にお願いして，実際に給食で使う配膳車や食器を借りて練習をしています。

給食の席の配置にする練習

　まずは，給食の席の配置を覚えます。
　1年生の最初は，右記①のように，入学式で座った出席番号の席のまま，みんなが前を向いて食べるとスムーズです。
　給食当番が一回りして子どもたちが慣れてきたら，右記②のような「給食の席の配置」にします。机と机の間をできるだけ開けて，スペースを広くとり，通りやすくします。

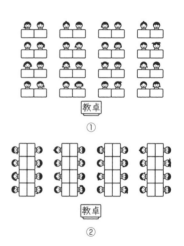

白衣に着替える練習

　白衣・帽子・マスクを袋から出して着替える練習と，外して袋にしまう練習を行います。手洗い指導も忘れずに。

配膳台を出す練習

　食缶やお皿を置く「配膳台」を出す練習を行います。配膳台を，教室のどこに，どのように置くのかを覚えます。片付け方も一緒に指導します。

配膳車を取りに行く練習

　配膳車を受け取る際と返す際は，給食室の方にお礼を言うことを伝えます。

配膳車を運ぶ際は，後ろに子どもたち，そして先頭に教師がつきます。配膳車は重いので，絶対に廊下は走らずに右側を歩くことを徹底させます。

食缶とお皿を配膳台に置き，配る練習

配膳車に乗っている食缶やお皿を，配膳台のどこに，どのように置くのかを伝えます。また，給食当番はどこに立って配膳をするのか，配る子たちはどのように配るのか（「食器は両手で持つ」「歩いて配る」など）を教えます。

私は，給食当番以外の子は，全員を「配り」の役割にしています。給食はみんなで食べるものなので，みんなで準備をしたいからです。

2 いよいよ本番！

さあ，練習を生かして，いよいよ本番です。本番では，以下のような合言葉を用いています。

・配膳の合言葉…「レストランのようにきれいに配膳！」
　→食器のふちにご飯つぶをつけたり野菜をぶらさげたりしないように気をつけ，レストランのように見た目を美しくする。
・食器の置き方の合言葉…「ミッキー置き！」
　→右の写真のように置くと，まるでミッキーの顔みたいになり，きれいに置くことができる。

1年生のはじめは，準備を始めてから「いただきます」をするまでに，かなり時間がかかります。4時間目を15〜20分ほど早めに終わらせるぐらいでちょうどよいでしょう。最初はうまくいかなくて当たり前です。一つ一つを根気よく丁寧に教え続けていく必要があります。夏休み前ぐらいになると，あまり時間がかからなくなり，子どもたちの成長を感じます。

06 給食の指導③
―マナーと片付け―

1 会食のマナー

① 「いただきます」をしたら，口をつける前に量を調整する。
→口をつける前に，時間内に食べきれる量に調整させます。苦手なものも，少しは食べるように伝えます。「給食室の方が，みんなのために，愛情を込めて作ってくださったんだよ」と話をし，できるだけ食べるように促します。

② 全部食べ終わった子は，「おかわり」をしてもよい。
→時間内に食べきれる量を考えて，おかわりをします。おかわりは何度してもよいですが，一人で欲張らず，周りの人のことを考えておかわりの量を加減するよう指導を入れていきます。

③ 大きな声で話したり騒いだり，下品なことを言ったりしない。
→飲食店で食事をしているとき，大きな声で話したり騒いだり，下品なことを言ったりしているグループがいると，不快な気持ちになります。給食でも同じです。その都度指導を入れていきます。

④ 「基本的な食べ方」について，会食中にその都度指導を入れていく。
→「基本的な食べ方」というのは，「肘をついて食べない」「犬食いをしない」「利き手と反対の手は食器に添える」「口にものが入っているときに話さない」などです。「お箸の持ち方」については，p.105を参照してください。

⑤ おかわり以外の立ち歩きは原則禁止。
→立ち歩く必要があるとき（トイレ・手洗い・うがいなど）は，先生に声をかけて，許可をもらうよう教えます。

2 片付けをおろそかにしない

　食べ終わったら気が緩んでしまい，「片付け」がおろそかになってしまいがちです。片付けについては，以下のことに気をつけて指導をしていきます。

①ゆとりをもって片付けをするために，給食終了時刻の5分前には「ごちそうさま」をする。
　→子どもたちが昼休みをフルにとれるように配慮をします。
②「ごちそうさま」をするときに自分の食器を確認させ，ご飯つぶや野菜などを残さず，きれいに食べることができたかチェックをする。
　→きれいに食べた子の食器を持ち上げて，全員に見せると効果的です。
③全員で「ごちそうさま」をしてから，順番に食器を片付け始める（最初に給食当番の子。その後，生活班ごと）。
　→「食べ終わった人からどんどん食器を片付ける」というやり方もありますが，それだと立ち歩いて落ち着かない状態が長時間続きますので，私は全員で「ごちそうさま」をするまでは，たとえ食べ終わっても片付けさせないようにしています。給食当番の子が最初に片付けるのは，給食当番の仕事（配膳台や食缶などの片付け）があるためです。
④スプーンやお箸の向きをそろえる。教室にゴミを落とさないように注意。
　→スプーンやお箸の向きがそろっているのとそろっていないのとでは，どちらがきれいに見えるか，実際に見せるとよいです。
⑤食べ終わっていない子を昼休みまで教室に残して食べさせることはしない。
　→「どうすれば時間内に食べ終わることができたかな？」とその子と話をします。最初に時間内に食べきれる量に減らせばよいことを確認したら，きれいに片付けさせます。その子の昼休みを奪うことはしません。

　私の勤務校では，6年生児童が給食の片付けのヘルプに来てくれます。6年生にも片付けのポイントを前もって伝え，1年生を見てもらいます。

07 「掃除」の指導①
―掃除場所と役割―

1 掃除場所を確認し，人数を割り当てる

　まずはどの掃除場所が割り当てられているかを確認します。といっても，1年生は掃除が初めてですので，多くの掃除場所は割り当てられていません。おそらく，「教室」「教室前の廊下」と，もう1か所（「中央廊下」や「流し」など）程度でしょう。

　どの掃除場所が割り当てられているかを確認したら，それぞれの掃除場所に，どれぐらいの人数が必要かを決めていきます。例えば，25人のクラスだとしたら，

　「教室前の廊下」…4人　　「中央廊下」…6人　　「教室」…15人

といった感じです。クラスの人数に応じて，適切な人数を決めてください。

2 一人一人の役割を割り振る

　次は，それぞれの掃除場所の「役割ごとの人数」を決めます。「教室」の掃除に15人の子どもたちがいるならば，例えば以下のように割り振り，人数が合うようにします。これは，他の掃除場所も同様です。

　「ほうき」…4人　　　「小ぼうき・ちりとり」…2人
　「床ぞうきん」…5人　「ロッカー・棚ふき」…2人
　「机ふき」…1人　　　「黒板」…1人

　あとは，この人数に従って，一人一人の子どもたちを，どの役割にするかを決めます。掃除が始まるまでの子どもたちの様子を見て，最初は教師が役割を決めるとよいでしょう（「○○くん…ほうき」「△△さん…床ぞうきん」

など)。

　一人一人の役割が決まったら，以下のような掃除役割表を作って教室に掲示しておくと，子どもたちがわかりやすいです。

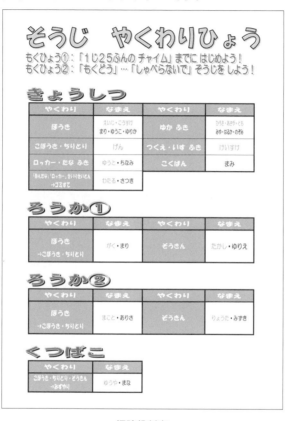

掃除役割表

　私は，掃除の役割をころころ変えずに，しばらくの間同じにしています。同じ役割を続けていくと，子どもたちはやり方を覚え，どんどん上手になっていきます。1年生なりに，よりよいやり方を考えたり工夫したりするようになっていきます。言わば，その役割の「プロ」になっていくのです。そうすると，掃除の役割を変えたときに，子どもたち同士で掃除の仕方を教え合う姿が見られます。

08 「掃除」の指導②
―準備と練習―

1 掃除道具の準備

　子どもたち一人一人の掃除の役割が決まることで，掃除道具がそれぞれの場所でいくつ必要なのかがはっきりします。
（例）・ほうき…教室に４本，教室廊下に２本，中央廊下に２本
　　　・ちりとり…教室に２つ，教室廊下に１つ，中央廊下に１つ
　掃除が始まる前に，それぞれの掃除場所に行って掃除道具入れを確認し，必要な数の掃除道具をそろえておきます。
　そして，p.89で紹介しているように，一つ一つの掃除道具に使う子の名前を書いておくことをおすすめします。子どもたちは，掃除道具に自分の名前があることで，「自分の持ち物」という愛着と責任感がわき，大切に扱います。もし片付けを忘れている掃除道具があっても，名前があるので誰のものなのかすぐにわかります。
　また，掃除道具入れにも工夫をします。ほうきをしまう場所には「ほうき」，ちりとりをしまう場所には「ちりとり」と書かれたビニールテープを貼っておくとよいです。子どもたちは，そのビニールテープを見て，指定された場所にしまうようになります。きれいにしまえている掃除道具入れの写真を撮り，貼っておくとよいでしょう（p.89の写真参照）。

2 掃除の練習

　一人一人の掃除道具がそろったら，掃除が始まる前に「掃除の練習」をしましょう。１年生は，「ちりとり」「小ぼうき」といった「掃除道具の名前」

を知らない子もいますので，そこから教える必要があります。
机の移動の練習
　机を，教室の前か後ろに移動し，教室の半分を空けます。半分の掃除が終わったら，もう半分を掃除するために，机を持ち上げて反対側に移動します。
ほうきの練習
　ほうきの「持ち方」「はき方」「どういう方向ではいていくか」を教えます。一歩進むたびに一はきすると，はきもれが減ります。
小ぼうきとちりとりの練習
　集めたゴミを，小ぼうきを使ってちりとりに入れます。ちりとりを少し「ななめ」に置くのがポイントです。一度で取りきれなかったら，ちりとりを一旦離し，またゴミを集め直します。
床ぞうきんの練習
　ぞうきんの絞り方を練習します。2つ折りにして使うことで，「表・裏，折り返しての表・裏」の4面が使えることを伝えます（「ぞうきんの基本」です）。その後「床をふく姿勢」「どういう方向でふくか」を教えます。
ロッカー・棚ふきの練習
　「ぞうきんの基本」は同じです。教室の中に，ほこりがたまっていて，ぞうきんでふいたらきれいになるものにはどのようなものがあるかを考えます（ロッカーや棚，テレビ台など）。そして，それぞれのふき方を教えます。
机ふきの練習
　「ぞうきんの基本」は同じです。木目に沿って，机の上をふくことを教えます。机の端をふきもらさないように気をつけます。
黒板をきれいにする練習
　黒板は黒板消しで消すことを教えます。黒板は，「上→下」のように一方通行で消すと，見た目がきれいになります。チョークが短くて書きづらくなってきたら，長いチョークを出します。

　いずれも，教師がお手本を示した後，子どもたちにやらせてみましょう。

09 「掃除」の指導③
―本番と片付け―

1 いよいよ本番！

さあ，いよいよ掃除の本番です。本番では，以下のようなことに気をつけています。

何のために毎日掃除をするのか

子どもたちに，「どうして毎日掃除をするのかな？」と聞きます。「きれいにするため」といった答えが返ってきたら，「どうしてきれいにする必要があるのかな？」と，もっと掘り下げて聞きます。そのようにして，「掃除をするのは，みんなが気持ちよく過ごすため」ということに気づかせます。

身支度を整える

私の勤務校では，掃除の時間は「三角巾」（忘れた場合は「赤白帽子」）をつけています。身支度をきちんと整え，気持ちを「掃除モード」にします。

あいさつをする

私は，「掃除係」という係を決めています。掃除を始める前に全員で教室に集合し，掃除係の子が，「今日も掃除をがんばって，学校をきれいにしましょう。これから掃除を始めます」とあいさつをします。このように，みんなで集合して「始まりのあいさつ」をすることで，掃除への意識を高めます。

黙働（無言清掃）

私の勤務校では，全校で「黙働」（無言清掃）に取り組んでいます。掃除の時間に，音楽や放送もかかりません。静かな状態で，集中して掃除に取り組みます。子どもたちには，「黙働」の意味と価値について説明をします。

自分の役割が終わったら？

例えば「机ふき」の役割の子は，みんなの机をふき終わってしまったら，

何をしますか，それで終わりでしょうか。子どもたちに，「自分の役割が終わったら，どうすればいいかな？」と聞き，考えさせます。掃除の目的は，「みんなが気持ちよく過ごせる環境をつくる」ことです。ということは，自分の役割が終わっても，それで終わりではありません。周りを見て，友達を手伝ったり，まだ汚れている場所をきれいにしたりと，残りの時間の中でできることを考えます。最初は，「例えば，こういうことができるよね」と，教師がいくつか例を挙げるとよいでしょう。

時間を守る

終わりの時刻を過ぎても，まだ掃除を続けている子がいます。気持ちはわかりますが，これはいけません。掃除の後の予定に遅れてしまうからです。子どもたちに，「〇の針になったら，片付けを始めてね」と伝えて，「時間内で片付けまで終わらせる意識」を高めます。もちろん，「掃除開始の時刻」も守ります。

6年生児童のお手伝い

私の勤務校では，1年生が掃除に慣れるまで，6年生児童がお手伝いに来てくれます。6年生に，「1年生にやらせてみて，上手になるように教えてあげてね」と伝えます。6年生にそれぞれの掃除場所に分かれてもらい，「掃除道具の使い方」や「掃除の仕方」についてアドバイスをしてもらいます。

２　片付けまでしっかりと

片付けは，前項（p.122）の「掃除道具に名前を書く」「掃除道具入れにビニールテープを貼る」の2つをしておけば，子どもたちはスムーズに片付けられるでしょう。もし片付け忘れている掃除道具があれば，名前を見て，持ち主に「大変！　ほうきさんが『片付けて〜！』と泣いているよ」と言って渡します。私は，掃除が終わったら，掃除道具入れをいつも確認しています。きれいに片付けられていたら，「きれいに片付けてくれて，ありがとう。掃除道具も喜んでいるね」と，子どもたちに伝えます。

 「当番活動」「係活動」の指導

1 「当番」と「係」の定義

　「当番」と「係」。同じくくりで捉えられることの多いこの2つは，一般的には以下のような定義がされています。

> ・当番…学級でみんなが円滑に過ごす上で，なくてはならない活動
> 　（例：「配り」「電気」「窓」「保健」など）
> ・係…なくても問題はないけれど，あれば学級がよりよくなる活動
> 　（例：「遊び」「誕生日」「イベント」「お笑い」など）
> ※「係」ではなく，「会社」という名称で行っているクラスもあります。

　この定義をふまえた上で，「当番」と「係」を明確に区分けして行っているクラスもありますが，私は，あえて区分けをせず，2つをまとめて「係」として行っています。
　その理由としては，以下の通りです。
・1年生にとっては，「当番」と「係」という2つの役割があるよりも，最初は「係」と1つに統一した方が，子どもたちがわかりやすい。
・「当番」としての活動であっても「係」としての活動であっても，友達やクラスのために行うことには変わりがない。
・「この活動はぜひ子どもたちに取り組ませたい」という教師の願いがある。
　※例えば私は，「クラス遊び」や「誕生日のお祝い」などの活動は，学級づくりのために，4月の最初から子どもたちと一緒に行っていきます。

2 「係活動」の例

これまでに受け持った1年生では,以下のような係活動を行ってきました。

〈係名と主な仕事内容〉
- まとめ係…教室移動のときに並ばせる。話し合いの司会をする。
- 声かけ係…先のことを考えて声をかける。(「帰りの用意をしよう」「席に座ろう」など)
- 遊び係…「クラス遊び」の遊びを決めて発表する。遊ぶときにまとめる。
- イベント係…クラスのイベントを提案する。話し合って役割を決める。
- 誕生日係…クラスの友達の誕生日をお祝いする。プレゼントの作成。
- 掲示物係…掲示物をつけたりはずしたりする。
- 配り係…ノートや連絡帳などを配る。
- 水筒係…帰りの会の前に,みんなが水筒を持って帰っているか確認する。
- 名札係…帰りの会の前に,みんなが名札を外したか確認する。
- 保健係…健康観察表を持っていく。怪我した友達を保健室に連れていく。
- 給食係…「いただきます」「ごちそうさま」の号令。献立の発表。
- 掃除係…掃除の始まりと終わりのあいさつ。掃除道具入れの確認。
- 体育係…体育の用具の準備。準備体操とあいさつを中心となって行う。
- 音楽係…「朝の歌」のCDをかける。みんなで使う楽器の準備。

係活動を行う際に,以下のようなことに気をつけています。
① 1学期は,教師が係活動の原案を提示する。
　2学期以降は,子どもたちと話し合い,新しい係が増えることもある。
② 最初は,教師がその都度声をかけ,それぞれの係を丁寧にサポートする。
　慣れてきたら,少しずつ子どもたちに任せていくが,決して目は離さない。
③ 協力して取り組ませるために,どの係も「男女混合で2人以上」にする。
④ 仕事を一人一人に分担することで,全員に責任感をもたせる。

【参考文献】

- 赤坂真二編著,阿部隆幸著『授業をアクティブにする！365日の工夫　小学1年』明治図書,2017年
- 赤坂真二編著,浅野英樹著『授業をアクティブにする！365日の工夫　小学2年』明治図書,2017年
- 赤坂真二編著,近藤佳織著『学級を最高のチームにする！365日の集団づくり　1年』明治図書,2016年
- 小一教育技術8月号増刊『「対話」にあふれ,「深い学び」を生み出す　1年の学級経営2017年版』小学館,2017年
- 小学館「教育技術」編集部編『一年生担任の学級づくりの教育技術』小学館,2012年
- 学力の基礎をきたえどの子も伸ばす研究会監修,岡篤著『図解　授業・学級経営に成功する1年生の基礎学力　無理なくできる12か月プラン』フォーラム・A,2015年
- 和田信行『小1プロブレムを起こさない教育技術』小学館,2013年

プロセスが大切!

⑤ 1年生への行事指導

パーフェクトガイド

「行事指導」のポイント

1 本番に至るまでの「過程」を重視

　次期学習指導要領（平成29年3月公示）では，「学校行事の目標」そして育成すべき「資質・能力」として，以下のように記されています。

> 　全校又は学年の児童で協力し，よりよい学校生活を築くための体験的な活動を通して，集団への所属感や連帯感を深め，公共の精神を養いながら，第1の目標に掲げる資質・能力を育成することを目指す。
> (1)　多様な他者と協働する様々な集団活動の意義や活動を行う上で必要となることについて理解し，行動の仕方を身に付けるようにする。
> (2)　集団や自己の生活，人間関係の課題を見いだし，解決するために話し合い，合意形成を図ったり，意思決定したりすることができるようにする。
> (3)　自主的，実践的な集団活動を通して身に付けたことを生かして，集団や社会における生活及び人間関係をよりよく形成するとともに，自己の生き方についての考えを深め，自己実現を図ろうとする態度を養う。

　自戒を込めて書きますが，運動会や音楽会などの「他者から見られる学校行事」では，「本番の出来」を気にするあまり，子どもたちの思いを後回しにし，こちらの都合で指導してしまうことがあります。
　しかし，上記の学習指導要領からもわかる通り，学校行事においては，「本番に至るまでに子どもたちが何を感じ，どのように取り組んでいくか」，すなわち「過程で何を学ぶか」が何より大切であるということがわかります。
　本番の出来や結果のみに一喜一憂せず，本番に至るまでの過程を重要視し，子どもたちの思いをくみとりながら指導していきたいものです。

2 「学校行事」の指導の流れ

　1年生は，小学校で行われるあらゆる学校行事が「初めて」です。私は，どの学校行事においても，概ね以下のような流れで指導しています。

①職員全員（あるいは担任団）で，その行事のねらい（子どもたちにつけたい力）を共通理解し，指導計画を立て，役割分担を決めます。
②子どもたちに，「どんな行事なのか」「どのように練習（準備）が進んでいくのか」を説明し，見通しをもたせます。1年生はあらゆる学校行事が初めてなので，前年度の写真や映像を見せると，イメージがわきます。
③子どもたちと一緒に，「練習（準備）の目標」を決めます。1年生なので平易な言葉での目標になりますが，「目標を決めて，みんなでそれに向かっていく」という経験を積ませることが大切です。決めた目標は，画用紙や黒板に書いて，常に掲示しておくと，子どもたちの意識が高まります。
④練習・準備を行うたびに，「今日はどうだった？」と聞き，「練習（準備）の目標」に沿って「振り返り」をします。
⑤本番が近くなってきたら，「本番の目標」を決めます。③で決めた「練習（準備）の目標」とは違ったものになります。
⑥本番が終わったら，「練習（準備）の目標」と「本番の目標」に沿って「振り返り」をします。私は，短い言葉でもいいので，一人一人に発表してもらっています。その際，「これまで練習をがんばってきて，どうだった？」と，自分の努力に気づかせるようにします。
⑦後日，「振り返りカード」（絵と簡単な感想）を書きます。書いたカードは，掲示フォルダーに入れ，全員分を掲示します。

02 「1年生を迎える会」の指導

1 「1年生を迎える会」のねらい

　入学して間もない時期に，「1年生を迎える会」が行われます。この行事は，その名の通り，「1年生を歓迎する」「1年生の入学をお祝いする」ために行われます。

　1年生のねらいとしては，「自分たちの入学を，学校のみんなが祝福してくれていることを知り，学校生活への期待を高める」「自分たちでできるお礼の出し物を通して，学校の一員になったことを自覚し，感謝の気持ちを伝える」などが挙げられるでしょう。指導にあたっては，そういった「1年生を迎える会」のねらいを，担任団で共通理解しておきましょう。

2 「1年生を迎える会」の指導のポイント

　「1年生を迎える会」は，入学して間もない時期に行われるため，子どもたちに出し物のアイディアを考えさせたり，話し合わせたりするのは厳しいです。そのため，担任団で，あらかじめ出し物を考えておく必要があります。1年生の出し物は，「『1年生を迎える会』を開いてくれたお礼と，これからの学校生活への抱負」という位置づけです。

　私は，1年生がよく知っている曲を選び，「歌」と「ダンス」と「お礼の言葉」を組み合わせて出し物をつくることが多いです。1年生ですので，「かわいらしさ」「元気さ」「無邪気さ」「愛らしさ」などが感じられる曲を選んでいます。例えば右ページのようなものです。

> 使用曲：「夢をかなえてドラえもん」
>   1番はみんなで歌う。
>   2番になったら隊形移動。
>   隊形移動が終わったら，簡単なダンスをしながら歌う。
>   曲が全部終わったら，「お礼の言葉」を言う。
> 使用曲：「崖の上のポニョ」
>   1番はみんなで歌う。
>   2番になったら「お礼の言葉」を言う。
>   間奏で隊形移動。
>   3番は簡単なダンスをしながら歌う。

　子どもたちには，「『1年生を迎える会』はどういう会か」「何のためにあるのか」をまず説明し，「お礼の出し物を通して，『ありがとう』『これからがんばるよ』の気持ちを伝えようね」と話をします。そして，「そのために，練習でがんばりたいことは何かな？」と考えさせ，簡単な「練習の目標」を決めます。

　あとは，「練習→振り返り」と進めていくのですが，最初の行事ということもあり，思ったようにいかないこともあるでしょう。はじめはクラスごとに整列することだけでも難しいかもしれません。しかし，大切なのは「子どもたちが過程の中で何を学ぶか」です。子どもたちは，「しない」のではありません。「知らない」「わからない」のです。子どもたちのこれからのために，根気強く，丁寧に教えていきましょう。

　なお，「1年生を迎える会」では，兄弟学級の6年生と手をつないで入場・退場することが多いです。その場合は，「1年生を迎える会」までに，6年生の先生と連携をとり合い，「仲良し交流グループ」（誰と誰がペアになるか）を決め，「顔合わせ会」を開いておく必要があります。

03 「遠足」の指導

1 「遠足」のねらい

　4月下旬から5月にかけて、「遠足」に行く学校が多いでしょう。遠足のねらいとしては、「集団行動を通して、良好な人間関係を築く」「集団行動の在り方や公衆道徳についての意識を高める」「学校外での活動を通して、自然や文化に親しむ」などが挙げられます。

　遠足は、子どもたちがとても楽しみにしている行事の一つです。楽しみな行事だからこそ、ねらいを定め、事前学習や振り返りをしっかりと行い、子どもたちみんながよい思い出となる遠足にしたいものです。

2 「遠足」の指導のポイント

実地調査

　実際に子どもたちが歩く道を通って、現地まで行きます。交通量が多い箇所や歩道が狭くて危険な箇所はないかを確かめたり、現地まで何分かかるのか時間を計ったりします。現地に着いたら、「トイレの場所」「お弁当を食べる場所」「子どもたちの遊び場所」などを確認します。

保護者へのお知らせ

　学校からの手紙で、保護者に遠足の概要をお知らせします。その後、担任と保護者で連絡をとり合い、食物アレルギー、動物・植物アレルギー、持病、怪我等の有無を把握しておきます。長子が1年生の保護者は、小学校の遠足は初めてですので、不安や心配があることでしょう。丁寧な対応を心がけます。

〈その他　保護者に伝えること〉
・両手が使えるように，荷物は両肩がけのリュックサックに入れる。
・荷物の出し入れを，当日までに練習しておく。
・お弁当とおやつは，食べきれる量にする。
・靴は，履きなれたものにする。
・前日はゆっくり寝て，当日は朝食をしっかり食べる。
・当日が雨の場合の持ち物を連絡しておく。

6年生との連携

　私の勤務校の遠足は，「仲良し交流グループ」（異学年交流グループ）で活動します。1年生は，6年生とグループになります。6年生は，行きと帰りや現地でのお弁当・おやつ・遊びなど，一日中1年生の面倒を見てくれます。事前に，グループごとに集まり，「グループのめあて」「歩き方・遊びの約束」「何をして遊ぶか」などを決める時間をとるとよいでしょう。

学校内でできる練習

　以下のように，学校内でできる「遠足の練習」をしておくと，子どもたちの意識が高まります。
・「間を空けずに，歩道を2列で歩く」→　廊下歩行で練習をする。
・「赤信号で列を崩し，青信号になったら横断歩道をすばやく渡り，また列を整える」→　運動場にラインを引き，横断歩道に見立てて練習をする。
・「お弁当とおやつのゴミを拾う」→　教室のゴミ拾いの時間で練習をする。

「絵本の読み聞かせ」で意欲を高める

　遠足に向けて，遠足に関する以下のような絵本の読み聞かせを行うと，子どもたちはわくわくし，遠足に向けての期待が高まるでしょう。
・『あした　えんそくだから』（守屋正恵著，あかね書房）
・『ぐりとぐらのえんそく』（中川李枝子著，福音館書店）
・『あしたえんそく！らんらんらん』（武田美穂著，理論社）

「運動会」の指導

1 勝敗（結果）が全てではない

　運動会は，赤組と白組に分かれて，勝敗を競います。勝敗を競うと確かに盛り上がりますが，「本番の勝敗（結果）を気にしすぎてしまい，それまでの努力や本番でのがんばりに目が向かない」という恐れもあります。

　そうならないためにも，教師が，「運動会は，本番の勝敗が全てではないこと」「練習から本番までを通して，子どもたち一人一人がめあてをもって取り組み，自分の力を伸ばそうとすること」に重きをおいて，指導にあたることが大切です。練習に入る前に，担任団で「運動会の練習から本番までを通して，１年生の子どもたちにつけたい力は何か」を考えましょう。

2 「運動会」の指導のポイント

団体競技

　「１年生の団体競技は？」と言われてすぐに思い浮かぶのが，「玉入れ」でしょう。普通の玉入れの他に，以下のようなちょっと変わった玉入れもあります。どちらもとてもかわいらしく，１年生に向いています。

- 「チェッコリ玉入れ」…ガーナに伝わる子どもの遊び歌「チェッチェッコリ」の曲がかかっているときはダンスをし，曲が止まったら玉入れをします。参考動画がインターネットに載っていますので，ご覧ください。
- 「動物玉入れ」…「『ぞうさん』の曲がかかったら象の真似」「『アイアイ』の曲がかかったら猿の真似」というふうに，曲がかかっているときは動物の動きを真似し，曲が止まったら玉入れをします。

ダンス
①ダンスの曲は，1年生らしく，「明るく元気でかわいらしいもの」がよいです。子どもたちに人気のあるアニメの主題歌や，そのときに流行っている曲の中で，子どもたちがよく知っているものを選ぶとよいでしょう。
②振付は，跳び上がったり，手を大きく広げたりと，体全体を使ったものにするとダイナミックです。踊りながら，ここぞという場面で声を出すと盛り上がります。隊形移動は，目印の線を引いておくとスムーズです。
③1年生は，衣装や小道具が大切です。「ポンポンを持つ」「スカーフを巻く」「Tシャツの色をそろえる」「手袋をつける」というふうに，1年生のかわいらしさがさらに引き立つ衣装や小道具を用意しましょう。

徒競走
①徒競走では，「並び方」を覚えさせることが大変です。まずは一緒に走る子を覚え，「一緒に走る子同士で手をつないだら座る」ようにさせます。そして，「〇レース目！」と呼ばれたら，そのレースの子はサッとその場に立つ練習を行います。これを繰り返すことで，走る順番を覚えさせます。
②1年生にありがちなのが，「走っているときにコースをはみ出して，隣で走っている子に近づいていってしまう」ことです。「線と線の間をまっすぐ走る練習」を繰り返し行いましょう。また，「転んでもすぐに起き上がって，最後まで走りきる」ことも伝えておきましょう。

３　保護者へのお願い・お知らせ

　運動会は，教師と子どもたちだけでつくり上げるものではありません。練習から本番までを通して，保護者の協力が欠かせません。保護者は，仕事や家事で忙しい中，協力してくださっています。お願いやお知らせは，学年だよりや学級だよりを通して，「早めに」「わかりやすく」行いましょう。もちろん，運動会終了後には，「ご理解・ご協力へのお礼」も忘れずに……。

 「学習発表会」の指導

1 「学習発表会」の目的と出し物

　「学習発表会」は，学校によって様々な形式で行われています。私の勤務校では，「全校児童と保護者の前で，学年ごとに劇を発表する」という形式でした。目的としては，「学年で協力して取り組むことにより，学年の絆を深める」「目標に向かってやりとげることで，自分の力を伸ばそうとし，自分の成長を感じる」ことなどが挙げられます。

　1年生の出し物としては，新しい物語の劇に取り組むのもよいですが，それまでの学習内容を生かしたものをおすすめします。学習発表会を，その名の通り「学習したことを発表する場」として捉えるのです。例えば，国語で学習した「おおきなかぶ」や「おてがみ」の物語を劇化するという手があります。子どもたちにとっても身近に感じられ，感情も入りやすいでしょう。

2 「学習発表会」の指導のポイント

　学習発表会では，普段の学習とは違うレベルの力が必要となります。なぜなら，環境が大きく異なるからです。普段の授業は教室で行いますが，学習発表会は広い体育館で行います。普段の授業はクラスの友達しかいませんが，学習発表会は全校児童や保護者もいます。ということは，声の大きさや身振り・手振りなど，表現方法のレベルを高める必要があります。練習から本番までを通して，子どもたち一人一人が力を伸ばし，終わった後に充実感や達成感を感じられるように指導していきます。

役割決めは十分な配慮を

　保護者は，我が子の活躍をとても楽しみにしています。そのため，一人一人の見せ場をつくることができるように役割を決めていきます。ただし，人前で表現することが苦手な子もいます。特別な支援が必要な子もいます。役割決めにおいては，一人一人に応じた十分な配慮を心がける必要があります。

表現方法の指導

①大きな声を出す指導

　遠くの方に目印を決め，「あの目印まで届くように言ってごらん」と指導します。友達をその場所に行かせて，聞こえたら合図をしてもらいます。

②はっきりとセリフを言う指導

　「あ」「い」「う」「え」「お」の口形を指導します。口形に気をつけてはっきりとセリフを言う練習をすることで，普段の話し方と異なることを理解させます。

③セリフの強弱や速さの指導

　セリフの強弱や速さは，言葉で説明してもわかりにくいものです。教師が実際にやってみせ，真似をさせるのが一番です。手で強弱や速さを示すのもよいでしょう。

④感情の表し方の指導

　力強くガッツポーズをしたり，大きく跳び上がったりなど，いつもよりも大げさな身振り・手振りをして感情を表すことを教えます。ポイントは，「全身を使うこと」です。これも，教師が実際にやってみせ，真似をさせるのが一番です。

高圧的な指導は厳禁

　学習発表会は，運動会や音楽会と同じく，保護者の期待が高い行事です。そのため，本番が近くなってくると，仕上がりが気になり，指導に焦りが出ることがあります。「そんなのじゃダメ！」「やる気あるの!?」など高圧的な指導になってしまうと，子どもたちの意欲を損なうばかりか，子どもたちとの関係も悪くなります。くれぐれも気をつけて指導にあたりたいものです。

06 「校外学習」の指導

1 「遠足」と「校外学習」の違い

　遠足と校外学習は，似ているようですが，その位置づけが異なります。遠足は「特別活動」の「行事」ですが，校外学習は，「教科の学習」です。つまり，校外学習は，「学校以外の場で教科の学習をすること」なのです。子どもたちにも，「校外学習は，『学習』するために行くんだよ」と伝えます。
　「学習」ですので，普段の授業と同じく「学習のねらい」を定め，子どもたちに伝える必要があります。1年生の校外学習の時数は「生活科」として扱われることが多いです。その場合は，生活科に則したねらいが必要です。
　しかし，それだけでは不十分です。学校ではない場所で学習するので，「学校と現地の行き帰り」「現地での学習」などにおいて，集団行動や態度面のねらいも定めておく必要があります。そこが，遠足の指導との類似点です。

2 「校外学習」の指導のポイント

　校外学習では，3～4人のグループになって過ごすことが多いです。校外学習のねらいを達成する最大のポイントは，この「グループ活動」にあります。円滑なグループ活動を目指して，適切な指導を打つことが大切です。

校外学習のグループ活動における指導
※ここでは，行き先を「動物園」とします。
①グルーピング
　子どもたちに「校外学習のしおり」を配ります。「めあて」や「日程」な

どを説明し，見通しをもたせます。その上で，グルーピングを行います。1年生ですので，グループは，子どもたちと話し合いながら，教師が決めていくのがよいでしょう。一般的には，3～4人が活動しやすいです。男女混合にして，男女の協力をねらいます。また，特別な支援を要する子への配慮も大切です。前もって保護者や特別支援学級の先生に相談しておきましょう。

②「めあて」をもとに，グループごとに「約束」を決める

グループが決まったら，「めあて」をもとに，グループごとに「約束」（目標）を決めます。決めたら，教師に見せて，しおりに書き込みます。

③グループごとに，様々なことを決めていく

「グループ内の役割（班長・保健係・時計係など）」「バスの座席」「どのような流れで見て回るか」「観察カードに書く動物は何にするか」など，様々なことをグループで話し合って決めていきます。決めたことは，全てしおりに書き込みます。当日が近づいてきたら，給食を同じグループで一緒に食べたり，休み時間に同じグループで一緒に遊んだりする機会を設け，仲間意識を高めていきます。

④校外学習当日

これまで事前指導をしてきたので，当日は，子どもたちを信じて，笑顔でグループ活動に送り出します。チェックポイントやお昼に会ったときに，「どう？　うまくいってる？」と声をかけます。

⑤グループごとに振り返り

校外学習が終わったら，振り返りをします。「グループで決めた約束（目標）は守れたかな？」「グループで過ごして，楽しかったことは何かな？」など，「グループ活動についての観点」を示していきます。もちろん，学習面での振り返りも行います。

最後に……。校外学習に向けて，保護者は荷物の準備やお弁当づくりなどの協力をしてくれます。学級だよりや学年だよりを通して，お礼を伝えるのをお忘れなく。

# 「校内音楽会」の指導

1 「校内音楽会」の目的と選曲

　「校内音楽会」は，全校児童と保護者の前で，学年やクラスごとに合唱や合奏を発表する行事です。主に音楽専科の先生が計画を立て，音楽の授業の時数を使って練習が行われます。そのため，「歌や楽器の技術の上達を図る」といった音楽の学習としての目的と，「学年やクラスでの協力」といった集団行動としての目的が挙げられます。

　１年生の合唱曲・合奏曲は，音楽専科の先生と相談して決めるとよいでしょう。私はこれまで，以下のようなポイントで選曲をしてきました。
・合唱曲…１年生らしい「明るく」「元気で」「楽しい」曲
　　　　　　例：「青い空に絵をかこう」「太陽のサンバ」「誰にだってお誕生日」
・合奏曲…あまり難しくなく，子どもたちが知っている曲
　　　　　　例：「ミッキーマウスマーチ」「きらきらぼし」「さんぽ」

2 「校内音楽会」の指導のポイント

全員で音を合わせること

　１年生は，自分の歌や演奏に夢中になりすぎるあまり，自分が周りのテンポとずれていることに気がつかないことがあります。「みんなで一つの曲を作るためには，自分が歌ったり演奏したりしているときも，周りの音を聴くんだよ」「指揮者を見て，手の動きにみんなが合わせるんだよ」と伝え，「全員で音を合わせること」への意識を高めます。

その子に応じた配慮を

　以前受け持った1年生で，鍵盤ハーモニカに苦手意識があり，練習のときにずっと泣いている子がいました。私はその子と保護者と相談し，音楽会では鍵盤ハーモニカではなく，カスタネットをしてもらうことにしました。するとその子は，安心して音楽会の練習に取り組むようになりました。「それは甘い。その子の鍵盤ハーモニカの腕が上がるように，続けさせた方がよい」と思うかもしれません。しかしそれは，普段の授業でじっくりと取り組めばよいことです。無理に続けさせることで，その子にとって校内音楽会はどのような思い出になるのでしょうか。自信がなくて不安を抱えている子，特別な支援が必要な子には，その子の気持ちを受け止め，保護者と話し合い，合奏の楽器決めや合唱の立ち位置において配慮してあげたいものです。

表現方法の指導

①楽譜には階名を書いておく（合奏）

　楽譜を見ただけですらすらと演奏できる1年生はほとんどいません。子どもたちに渡す楽譜には，あらかじめ階名を書いておくとよいでしょう。

②楽器ごとに練習（合奏）

　「鍵盤ハーモニカは1組で練習，タンバリンとカスタネットと鈴は2組で練習，小太鼓と大太鼓は3組で練習……」というふうに練習場所の割り振りをします。楽器ごとに分かれて練習を重ねることが，上達の基本です。上手になってきたら，一人ずつ演奏させてみて，さらにレベルを上げていきます。

③歌う姿勢（合唱）

　歌う姿勢について，次のポイントを伝えます。「肩幅ぐらいに足を開く」「視線は正面よりも少し上」「肩を開いて，背筋を伸ばす」

④歌の強弱，ブレス（合唱）

　強弱をつけて歌うと，歌にメリハリがつき，上手に聴こえます。といっても，強くしたい部分を無理に強く出そうとすると，声が汚くなります。強弱のポイントは，「弱くする部分を抑えて歌う」ことです。また，ブレスをするタイミングを教えることで，声がそろい，声量が弱くなるのを防ぎます。

「避難訓練」の指導

1 「避難訓練」のねらい

　小学校では、地震や火事など、様々な災害を想定した避難訓練が実施されます。避難訓練のねらいとしては、「災害の発生に伴う危険を理解・予測し、身の安全を確保するための行動ができるようにするとともに、日常的な備えができるようにする」ことが挙げられます。

2 「避難訓練」の指導のポイント

避難訓練の前の「語り」

　1年生は、幼稚園や保育園で避難訓練を経験してきていますが、小学校では初めてです。避難訓練を行う前に、真剣な表情で、次のように語ります。
　「避難訓練は、地震や火事が起きたときに自分の命を守る大切な訓練です。命を守るためには、80点や90点ではダメです。99点でもダメです。避難訓練では、いつも必ず100点をとりましょう。そのためには、『おはしもの約束』を守ることです。『おはしもの約束』を守らないと、100点にはなりません」
　この後、「おはしもの約束」（「お」さない・「は」しらない・「し」ゃべらない・「も」どらない）を教え、「必ず守ってね」と伝えます。

ケース別の避難方法と事前指導

　1年生は、「避難訓練」といっても、どういう状況のときに、どのように行動すればよいのかがわかりません。状況に応じた避難方法を教え、適切な事前指導を行うことで、だんだんと状況に応じて行動できるようになります。

①地震
　地震が発生したら，すぐに机の下にもぐり，机の脚を持って揺れが収まるのを待ちます。揺れが収まったら防災頭巾をつけ，すみやかに避難を開始します。その都度放送で指示が入ります。事前指導として，「机の下にもぐり，机の脚を持つ練習」「防災頭巾をつける練習」「避難経路の確認」「静かに放送を聞く練習」をしておきましょう。

②火災
　火災が発生したら，非常ベルが鳴り，放送が入ります。出火元の場所によって避難経路が変わるため，まずは落ち着いて放送を聞き，出火元を確認することが大切です。避難するときは，煙を吸い込まないようにするために，姿勢を低くし，ハンカチや手で口や鼻を覆います。事前指導として，「静かに放送を聞く練習」「体勢を低くし，ハンカチや手で口や鼻を覆って歩く練習」「避難経路の確認」をしておきましょう。

③不審者
　不審者が校内に入ってきたら，放送で合言葉を知らせることが多いでしょう。放送を聞いたら，不審者が教室に入ってこないように，教室の入口や窓に鍵をかけ，カーテンを閉め，机や椅子でバリケードを作ります。その後，おしゃべりをやめ，かたまって静かに指示を待ちます。事前指導として，「静かに放送を聞く練習」「入口や窓に鍵をかけ，カーテンを閉める練習」「机や椅子でバリケードを作る練習」「かたまって静かに待つ練習」をしておきましょう。

振り返り
　避難訓練が終わったら，「おはしもの約束」が守れたかどうか，一つ一つ確認します。事前指導で語ったように，「今回の避難訓練で100点がとれたかどうか」も聞きます。最後に，「地震や火事などはいつ発生するかわかりません。ひょっとしたら，一人でいるときに，地震や火事が発生するかもしれません。自分の命を自分で守るためにも，次の避難訓練にも真剣に取り組んでいきましょう」と話をします。

 「マラソン大会」の指導

1 「マラソン大会」の目的

　「マラソン大会」は，「体力・持久力の向上」「自分の目標に向かって努力しようとする態度の育成」などを目的として行われる行事です。しかし，「マラソン大会」だけがいきなり単発で行われるわけではありません。多くの学校では，朝や業間休みなどを使って，マラソン大会に向けての「マラソン練習期間」が行われます。マラソン練習期間からマラソン大会までを通して，目的の達成を図っていきます。

2 「マラソン練習期間」の指導のポイント

①「『マラソン練習期間』は何のためにあるのか」を説明します。「マラソン大会に向けて練習をして，体力をつけていこうね」と意欲を高めます。

②「マラソン練習期間」の目標を立てます。私の勤務校では，１年生はトラックを７分間走り続けます。一度やってみると，「自分がどれぐらい走れるかの目安」がわかります。その後目標を決めると，「歩かずに走り続ける」「４周以上走る」など，「自分に合った目標」を立てることができるでしょう。

③「マラソン練習がんばりカード」（記録カード）を活用し，自分のがんばりを目に見える形で残していきます。カードには，②の「目標」を書く欄と，「その日に何周走ったか」を書く欄があります。周数に関係なく，走った日にシールを貼ってあげると，子どもたちの励みになります。

④「よくがんばってるねぇ！」「いいよ！」など，子どもたちへの励まし・

ねぎらいの声を継続的にかけましょう。できれば，教師も一緒に走ってあげると，子どもたちの意欲が高まります。

3 「マラソン大会」の指導のポイント

①「マラソン大会」の前に，学年団またはブロックで，コースの確認をします。特に安全面に気をつけ，1年生が走る上で危険な箇所や障害物はないかを確かめておきます。

②円滑な運営のために，「準備運動」「伴走」「着順判定」「順位カード配布」「待機児童掌握」など，教員一人一人の役割を決めます。また，安全面の配慮のために，危険な箇所に立って子どもたちに注意喚起する役割も必要です。担任団で人数が足りなければ，フリーの先生や管理職の先生に，前もってお願いしておきましょう。それと並行して，「順位カード」や「完走証」などの作成も進めておきます。

③本番の1週間ほど前に，本番と全く同じ内容・時程でリハーサルを実施します。リハーサル終了後，「円滑な運営ができたか」「安全面の配慮はどうだったか」といった振り返りを行い，本番に向けて改善を図ります。

④「マラソン大会」の目標を立てます。「最後までがんばって走りきる」「リハーサルのタイムより1秒でも上げる」など，一人一人の実態に応じた目標を立てられるよう，アドバイスをします。リハーサルのときにタイムを計っておくと，「自分のタイム」をもとにした目標を立てることができます。

⑤「マラソン大会」は，1位から順番に順位がつくので，子どもたちはどうしても「順位」だけを見て一喜一憂してしまいます。その気持ちはわかるのですが，それではこれまでの自分のがんばりに目が行きません。そうではなく，例えば「マラソン練習がんばりカード」を見せて，「これまでの自分のがんばり」を大いに認めてあげてください。そして，順位に関係なく，「よくがんばって走りきったね」「一生懸命走っている姿，かっこよかったよ」など，励まし・ねぎらいの言葉をたくさんかけてあげてください。

10 「6年生を送る会」の指導

1 「6年生を送る会」の目的

　「6年生を送る会」は，「この1年間，最上級生として学校全体をリードしてくれた6年生に感謝の気持ちを表し，卒業をお祝いする」ことをねらいとした行事です。多くの学校では，「それぞれの学年ごとに6年生に向けて『お祝いの出し物』をし，6年生が『お礼の出し物』でお返しをする」という形で行われます。会の中で，6年生にプレゼントを渡したり，全校で歌を歌ったりする場面もあります。

2 「6年生を送る会」の指導のポイント

6年生への感謝の思いをもって取り組む

　1年生と6年生は，1年間の交流を通して，とてもつながりが強くなっています。本当の兄弟姉妹みたいに仲良くなっているペアもいるほどです。そのため，「6年生を送る会」の指導で一番大切にしたいのは，「6年生への感謝の思いをもって取り組む」ということです。

　練習を始める前に，「この1年間，6年生のお兄さん・お姉さんは，みんなにどんなことをしてくれた？」と聞きます。子どもたちは，「休み時間に一緒に遊んでくれた」「給食や掃除のやり方を教えてくれた」「遠足に一緒に行ってくれた」など，6年生との思い出をたくさん発表します。その上で，「そんなにたくさんしてもらったんだね。6年生のお兄さん・お姉さんは，あと1か月で卒業してしまうんだけど，みんなに何かできることはないかな？」と聞き，そこから「お祝いの出し物」につなげていきます。

「お祝いの出し物」の候補

・歌「ありがとうさようなら」
　→歌詞を,「6年生ありがとうバージョン」に替えて歌う。
・歌「思い出のアルバム」
　→歌詞を,「6年生との思い出バージョン」に替えて歌う。
・クイズ「担任の先生のことを,どれだけ知っているかな!?」
　→6年生には内緒で,事前に6年生の担任の先生に関するクイズを作っておく。
・クイズ「6年生ってすごいんだぞ!」
　→この1年間で,「6年生ってすごい!」と思ったエピソードをクイズにする。
・劇「おおきなかぶ」
　→「最後は6年生と一緒に『うんとこしょ,どっこいしょ!』。6年生のおかげでかぶが抜けた」という台本にする。
・呼びかけ
　→歌や劇の締めに「呼びかけ」を行うと,感動的に終えることができる。小さな1年生が一生懸命呼びかけをしている姿は,6年生の胸を打つ。

6年生の似顔絵描き

　私の勤務校では,「6年生を送る会」のために,1年生が6年生の似顔絵を描きます。描いた似顔絵は,体育館に掲示され,最後は6年生へのプレゼントになります。似顔絵描きは,1年生にとっては難関です。次のようなことがポイントになります。

・前もって一度練習をしておく(クラスの友達の似顔絵を描く)。
・「鼻→目→口」とパーツごとに描いていく。大きさと位置に気をつける。
・髪の毛は,絵の具よりもクレヨンで塗った方が上手に仕上がり,簡単。

【参考文献】

- 平野朝久『はじめに子どもありき　教育実践の基本』学芸図書株式会社，1994年
- 岩瀬直樹『クラスづくりの極意』農山漁村文化協会，2011年
- 野口芳宏『学級づくりで鍛える』明治図書，2015年
- 赤坂真二『スペシャリスト直伝！学級づくり成功の極意』明治図書，2011年
- 赤坂真二『「気になる子」のいるクラスがまとまる方法！』学陽書房，2011年
- 金大竜『「気になる子」「苦しんでいる子」の育て方』小学館，2016年

よさとがんばりを捉える！

6

１年生との信頼関係の築き方

パーフェクトガイド

 **子どもの見取りプリント**

1　子どもたち一人一人と良好な関係を築く

　私は,「子どもたち一人一人と良好な関係を築くこと」を,最優先に考えています。下を向いているコップにいくら水を注ごうとしても入っていかないのと同じように,子どもと良好な関係を築いていないと,どんな話をしても,何をしようとしても,その子の心には入っていきません。逆に,良好な関係を築いていると,子どもたちは教師の言うことやしようとすることを好意的に受け止めてくれます。それは,1年生でも同じです。

　子どもたち一人一人と良好な関係を築くためには,まずは一人一人をよく「見取る」ことが大切です。その子のよさやがんばりを,見て,知って,理解していくのです。これは,意識しないとかなり難しいことです。「木を見て森を見ず」ならぬ,「森を見て木を見ず」という言葉の通り,教師はどうしても集団(クラス全体)ばかり見てしまう傾向があるからです。

2　「子どもの見取りプリント」

　私は,一人一人の子どもの「見取り」を意識的に行うために,「子どもの見取りプリント」(右ページ参照)を作り,いつも持ち歩いているノートに貼っています。そして,毎日の放課後に,その日を振り返る時間をつくり,一人一人の子どものよさやがんばりをこのプリントに書き込んでいきます。放課後ではなく,そのとき・その場で書き込むこともあります。

　ちなみに,一番下の欄は「クラス全体」としてあります。この欄は,一人一人ではなく,「集団として」どういう状態だったかを見取ります。

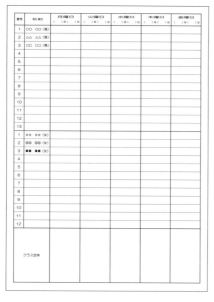

子どもの見取りプリント

3 見取り不足で書けない場合は

　この「子どもの見取りプリント」を毎日書くことで，子どものよさやがんばりを「見取る意識」が高まります。しかし，全員のよさやがんばりを毎日書こうとしても，「こちらの見取り不足で書けない子」がいます。自分の「子どもを見取る目の偏り」に気づくのです。

　そういう場合は，「前日によさやがんばりを書けなかった子」を，次の日によく見るように意識しています。「1週間のうちに，全員のよさやがんばりを1つ以上書く」といった「見取り目標」を決めるのも手です。

　こうして書きためたよさやがんばりは，「個人面談」「保護者会」「成績の所見」などで役立ちます。1年生の保護者は，我が子の学校での様子を知りたがっていますので，「こんなことがありましたよ」と，具体的に伝えることができます。

02 子どもたちとの「おしゃべりタイム」

1　子どもたち一人一人と話す時間をとる

　子どもたちとの「おしゃべりタイム」とは，教師と子どもたち一人一人が「1対1」で話をする時間です。「子どもたちとの個人面談」とも言えます。
　「おしゃべりタイム」を始めた理由は，放課後に一日を振り返ったときに，「一言も話していない子がいる」という事実に気づいたからです。教師は「子どもたち全体」に向けて話すことが多いので，私は「全員と話した」気になっていました。しかし，よくよく振り返ってみると，一日を通して一言も話をしていない子がいたのです。「これではいけない。子どもたちとつながるためにも，一人一人と話す時間をとりたいなぁ」と思いました。

2　「おしゃべりタイム」のポイント

❶　毎日，「その日の日直の子ども」と行う

　私は，その日の日直の子どもと「おしゃべりタイム」を行うことにしています。私のクラスの日直は2人です。1人ずつ呼んで「おしゃべりタイム」をします。「毎日2人」だと，時間もかからないので，無理なく続けることができます。1日2人だといって侮るなかれ。毎日続けたら，なんと「年間に10回以上」も1対1で話す機会をつくることができます。

❷　「給食中」に，「教室の入口すぐの廊下」で行う

　いろいろと試行錯誤した結果，私は「おしゃべりタイム」を給食中に行っています。「いただきます」をした後，量を減らす作業が終わり，子どもた

ちが落ち着いて食べ始めたらスタートします。場所は,「教室の入口すぐの廊下」です。なぜ教室の入口すぐの廊下で行うのかというと,「おしゃべりタイム」をしながら,教室の子どもたちの様子も把握できるからです。給食指導中ですし,ましてや1年生ですので,教室を空けるわけにはいきません。教室の入口すぐの廊下だと,教室の子どもたちの様子もわかり,廊下は給食中で静かなので,1対1で落ち着いて話すのにも適しています。

❸ 話す内容

以前は,事前に自作の「おしゃべりタイムプリント」(「学校で楽しいこと」「がんばっていること」「困っていること」などの項目が書かれてあるプリント)を子どもたちに記入してもらい,そのプリントをもとに話をしていました。しかし,今は,「〇〇くん,最近,学校はどう?」と,本当に「おしゃべり」のような気楽な感じで話をするようにしています。

「おしゃべりタイム」の中で,「『学校生活』『友達関係』において悩んでいることや困っていること」は,必ず聞くようにしています。その子が何か悩みを話し出したら,しっかりと話を聞き,相談に乗ります。

もちろん,「おしゃべりタイム」ではなくても,悩んだり落ち込んだりしている子がいたら,その都度1対1で話をするようにしています。

この「おしゃべりタイム」を通して,子どもたち一人一人と1対1で話をすることで,その子の気持ちを受け止め,信頼関係を築いていきます。

03 「あのね帳」

1 「あのね帳」を通して，子どもたちの様子や気持ちを知る

「あのね帳」は，子どもたちが「その日の出来事と自分の気持ちを先生に伝える日記」です。「せんせい，あのね。きょう，こうだいくんとやすみじかんにてつぼうをしたよ。あしぬきまわりができて，うれしかったよ」というふうに，「せんせい，あのね。」という文から始まります。

「あのね帳」を通して子どもたちの様子や気持ちを知ることで，子どもたち一人一人と信頼関係を築いていきます。

2 「あのね帳」のポイント

❶ 最初は「連絡帳の一行日記」から

1年生の子どもたちは，入学してきたときは，ひらがなやかたかなをまだ習っていません。ですので，いきなり「あのね帳」を実施するのは難しいです。私は，運動会が終わった6月頃に，まずは「連絡帳の一行日記」から始めています。連絡帳を書くときに，「きょう，○○くんとあそんだよ」「きょう，あさがおにみずをあげたよ」というふうに，その日の出来事を短く書きます（p.171参照）。

❷ 夏休み明けから，「あのね帳」を実施

「あのね帳」は，ひらがなとかたかなを全て教え終わった夏休み明けからスタートします。「あのね帳」は，市販されている「子ども日記」の方眼タイプのものを使っています。

❸ 書く内容

「あのね帳」を始めるときに,「出来事＋気持ち」で書く書き方を子どもたちに教えます。出来事だけでなく,「その子がどう思っているか」という「気持ち」を知りたいからです。左ページの例でいうと,「てつぼうをした」「あしぬきまわりができた」というのが「出来事」で,「うれしかった」が「気持ち」です。

また,「もし学校で困っていることや悩んでいることがあったら,先生はみんなの力になりたいから,あのね帳に書いて教えてほしいな」と伝えます。

❹ 一日の最後に書く

「あのね帳」を書くのは,「5時間目の終わり」または「帰りの会」です。その日を振り返ることができるように,一日の最後に書くようにしています。書き終わった子から教師に提出します。

❺ 返事を書くかわりに「おしゃべり」

理想は,一人一人の「あのね帳」にしっかりと返事を書いてあげることです。しかし,それは毎日できるわけではありません。会議や家庭の事情で,どうしても時間がとれないときもあります。「必ず毎日全員に返事を書かないといけない」と思うと,教師も続けるのに負担を感じます。

私は,書き終わって持ってきた子と,その日の「あのね帳」の内容についておしゃべりをし,赤で〇をつけるだけにしています。始めるときに,子どもたちと保護者にその旨を説明しておくとよいでしょう。

困っていることや悩みを書いてきた子がいたら,その日の放課後に時間をとり,しっかりと話を聞きます。大切なのは,「子どもたちの様子や気持ちを知ることで,子どもたち一人一人と信頼関係を築いていくこと」です。

# 絵本の読み聞かせ

1 「絵本の読み聞かせ」のよさ

「1年生を担任したらやってみたい」と思っていたことの一つが、「絵本の読み聞かせ」です。子どもたちに本を好きになってほしかったのと、絵本の読み聞かせを通して子どもたちとの「心のつながり」を育んでいきたかったからです。「心のつながり」を育むことが、子どもたちとの信頼関係の構築につながります。

絵本の読み聞かせには、「感情が豊かになる」「心が落ち着く」「言葉を覚える」などの多くのメリットがあります。文部科学省も、「絵本や物語の読み聞かせ」のよさについて、以下のように述べています（文部科学省ホームページより）。

> ◇絵本や物語の世界に浸る体験は、幼児の心を育てます
> 　幼児は、先生の読む言葉を聞きながら、登場人物になりきって、想像上の世界に思いを巡らし楽しみます。その際、登場人物の悲しみや悔しさなどの様々な気持ちに触れることができ、他人の痛みや思いを知る機会となります。したがって、こうした体験は幼児の心を育てていくのです。

2 「絵本の読み聞かせ」のポイント

❶ 国語の授業の最初に実施

私は、国語の授業の最初に読み聞かせをしています。教室の空いているスペースに子どもたちを集めて座らせます。絵本がよく見えるように、私は椅

子に座ります。国語の授業の最初だけでなく，授業が早く終わって時間が空いたときや，「なんだかザワザワしていて落ち着きがないな」というときにも読み聞かせを行っています。

❷ 読む本の選び方

　読む本は，図書室にあるたくさんの絵本の中から選びます。読み聞かせに慣れるまでは，教師が選んだ本で読み聞かせをします。だんだんと慣れてきたら，「読んでほしい本をみんなが選んでごらん」と子どもたちに提案し，子どもたちに本を選んでもらうようにしています。「今日は〇〇くんが選んだ絵本だよ。どんなお話かな～？」と読む前に子どもたちに伝えると，子どもたちはいつも以上に興味深そうに読み聞かせを聞きます。

❸ 予想していなかった展開に発展することも

　以前受け持った1年生で，読み聞かせが予想していなかった展開に発展したことがあります。何人かの子が，「自分でも読み聞かせをしたい」と言い出したのです。そこで，その子たちにみんなの前で読み聞かせをしてもらったところ，「僕もやりたい！」「私も！」と，子どもたちの「読み聞かせスイッチ」がONになりました。「本を選び，進んで練習し，みんなの前で読み聞かせをすること」がクラスの文化になりました。

❹ 机の中に，常に絵本を1冊入れておく

　読み聞かせから少し話はそれますが，私は，「机の中に，いつも絵本を1冊入れておいてね」と子どもたちに伝えています。空いている時間ができたら，サッと机から絵本を取り出して読むことができるからです。そのために，学校司書さんにお願いをして，学級文庫をたくさんそろえていました。このように，「絵本が身近にある環境」をつくっておくことも，子どもたちを「本好き」にさせるポイントです。

05 休み時間に一緒に遊ぶ

1　休み時間に子どもたちと一緒に遊ぶ

　私が初任の頃からずっと続けていることの一つが,「休み時間に子どもたちと一緒に遊ぶこと」です。

　子どもたちは,遊ぶことが大好きです。休み時間の子どもたちは,開放的な気持ちになっており,授業中とは違う「素」の一面を見せてくれます。「この子はこういう表情もするんだなぁ」「この子はリーダーシップがあるんだなぁ」というふうに,「気づき」の連続です。

　休み時間に子どもたちと一緒に遊ぶことで,楽しい時間を子どもたちと共有することができ,信頼関係を築くことができます。

2　「休み時間に一緒に遊ぶ」ときのポイント

❶「クラス遊び」

　私のクラスでは,「クラス遊び」という取り組みをしています。「クラス遊び」というのは,その名の通り,「クラスみんなで何かをして遊ぶ」ことです。例えば,クラスみんなで「おにごっこ」をしたり,「ドッジボール」をしたりします。

　以前受け持った１年生では,この「クラス遊び」を,月曜日・水曜日・金曜日の業間休み（２時間目と３時間目の間の長い休み時間）に行っていました。それ以外の休み時間は,「フリー」（自由に遊んでもよい休み時間）でした。

❷ 「クラス遊びの場にいること」が大切

❶で説明した「クラス遊び」に，教師も参加します。「参加します」という表現をしたのは，例えばドッジボールをする際は，「一緒にゲームをしてもよいし，コートの外から見ていてもよい」と考えているからです。

一緒にゲームをすると，教師の近くにいる子どもたちと密接に関わることができます。外から見ていると，全体的な子どもたちの様子をつかむことができます。どちらもメリットがあります。大切なことは，「クラス遊びの場に教師もいる」ということです。

❸ 何のために一緒に遊ぶのかを考える

子どもたちと一緒に遊んでいると，ルールを守らない子がいたり，子ども同士でけんかが起こったりするものです。そういうときに，「どうしてルールを守らないの！」「けんかするのなら，もうクラス遊びは中止！」というふうに感情的に怒ってしまうと，全体の雰囲気を悪くしてしまいます。

休み時間に一緒に遊ぶのは，「子どもたちと楽しい時間を共有し，信頼関係を築く」ためです。指導の仕方には，くれぐれも気をつけていきたいものです。

❹ 無理をしない

理想としては，どの休み時間も子どもたちと一緒に遊んであげると，子どもたちはとても喜びますし，つながりも増します。しかし，無理はしない方がいいです。小1担任は，子どもたちがまだ小さいので，教師がやらなければいけない準備や事務仕事がたくさんあります。空き時間もないので，一日中ずっと子どもたちと一緒です。担任も，「ほっ」と一息つきたいときもありますし，ゆっくりしたいときもあります。そういうときは，無理をせずに休んでリフレッシュしましょう。「担任が笑顔で元気に子どもたちの前に立つこと」が，最良の教育環境です。

06 ちょっとしたスキンシップ

1 「スキンシップ」のよい効果

　1年生の子どもたちの中には，教師とスキンシップをとりたがる子がいます。実はこのスキンシップ，子どもたちの心にとてもよい効果があります。スキンシップをとることで，「幸せホルモン」と呼ばれる「セロトニン」や「オキシトシン」が出ると言われているのです。「セロトニン」や「オキシトシン」は，「幸せな気持ちになる」「ストレスが緩和する」「不安が減少する」「他者への信頼の気持ちが増す」などの優れた効果があるホルモンです。

　以下にスキンシップの例を挙げますが，確かにそういった効果を感じます。ちょっとしたスキンシップをとると，気持ちが通じ合ったような感覚になり，子どもたちはうれしそうににっこりします。ちょっとしたスキンシップは，子どもたちと信頼関係を築いていく手立ての一つになります。

2 「ちょっとしたスキンシップ」の例

❶ ハイタッチ・グータッチ

　「算数の問題をクリアした」「給食を全部食べた」「掃除が終わった」など，何かあるたびに，「イェイ！」と言って子どもたちとハイタッチをします。また，子どもたち一人一人と「おはよう」「さようなら」のあいさつをしながらハイタッチをします。時には，巨人軍の監督の原辰徳氏のように，「グータッチ」をするときもあります。

❷ 握手

❶のハイタッチ・グータッチと同じように，何かあるたびに，子どもたちと「握手」をします。「鬼遊び」の一つとして，「握手鬼」をすることもあります。「握手鬼」は，「氷鬼」と基本的なルールは同じで，「握手をすると氷が溶ける」というところだけが違います。

「ハイタッチ」と「握手」は，おすすめのスキンシップです。これらを学級づくりに効果的に取り入れることで，教師と子どもだけでなく，子ども同士の距離も縮まっていきます。

❸ 肩をポン

これは，授業中の机間指導の際によく行います。子どもたちの様子を見て回りながら，「がんばっているね」「その調子だよ」と伝えながら，肩をポンとするのです。子どもたちは，「先生は自分のことを見てくれている」と感じます。課題に向かう意欲も増すことでしょう。

❹ ジャンケン

最もポピュラーで，子どもたちが大好きなジャンケンです。ゲーム性もあるので，盛り上がります。普通のジャンケンだけでなく，「たし算ジャンケン」「ひき算ジャンケン」「足を使ったジャンケン」など，様々なバリエーションがあるのも魅力です。以下のようにちょっと工夫をすると，スキンシップを組み込むことができます。
①2人組になってジャンケンを行う。
②勝っても負けてもお互いに「ありがとう」と言いながらハイタッチまたは握手をする。
③相手を替えて同じように行う。

 「学級だより」の読み聞かせ

1 「学級だより」は，子どもたちと信頼関係を築くためのツール

担任しているクラスで，「学級だより」を出している先生方も多いと思います。学級だよりのメリットとしては，

- 子どもたちの学校での様子を，保護者に伝えることができる
- 保護者に連絡やお願い（予定や持ち物など）をすることができる
- 学級だよりを通して，保護者に感想や意見をもらうことができる

など，「保護者を対象としたもの」が多くあります。

しかし，せっかく時間をかけて学級だよりを作るのですから，保護者だけを対象にしてしまってはもったいないです。それだけだと，子どもたちからすると，他のお手紙と同じく，「配られておしまい」になってしまいます。

私は，学級だよりを，「学級づくりのためのツール」の一つとして活用しています。学級だよりを使って，子どもたちに「働きかけ」を行い，信頼関係を築いていくのです。その「働きかけ」というのが，

学級だよりの読み聞かせ

です。

2 「学級だよりの読み聞かせ」のポイント

「学級だよりの読み聞かせ」には,以下のようなよさがあります。

・子どもたちが,自分たちのよさ・がんばりを認識することができる
・学校生活への意欲が高まる
・教師の「価値観」を,子どもたちに伝えることができる
・教師と子どもたちの信頼関係が増す
・朝,落ち着いた時間を教師と子どもたちで共有することができる

具体的な流れとしては,以下の通りです。

①「朝の会」の「先生のお話」で,子どもたちに学級だよりを配る。
②全員に行き渡ったのを確認したら,「じゃあ,これから読み聞かせをするよ」と言って,読み聞かせを始める。読み聞かせをしている間,子どもたちは話をせずに,学級だよりを見ながら聞く。

読み聞かせをした後に,その日の学級だよりの感想をペアで話す時間をとったり,何人かの子にどう思ったのかを発表してもらったりすることもあります。
　読み聞かせを毎日続けることで,子どもたちは「今日の学級だよりは何のことかな？」「僕,写真に載っているかな？」と楽しみにするようになります。読み終わった後,「みんな,本当によくがんばってるよ」「いつもありがとう」と,自然に子どもたちをほめる言葉が出てきます。
　なお,学級だよりについては,p.174でも取り上げていますので,そちらもあわせてご覧ください。

【参考文献】

- NPO法人つみきの会編，藤坂龍司・松井絵理子著『イラストでわかるABA実践マニュアル』合同出版，2015年
- 平岩幹男監修，shizu著『発達障害の子どもを伸ばす　魔法の言葉かけ』講談社，2013年
- 笹森洋樹編著『イラストでわかる特別支援教育サポート事典　「子どもの困った」に対応する99の実例』合同出版，2015年
- 菊池省三監修，関田聖和著『新学期から取り組もう！専手必笑　気になる子への60の手立て』喜楽研，2018年
- 青山新吾・堀裕嗣編『特別支援教育すきまスキル　小学校下学年編』明治図書，2018年

不安を解消するコミュニケーションを！

7 小1保護者対応

パーフェクトガイド

 「保護者対応」のポイント

1 「保護者対応」の基本

　我が子が小学校に入学するということは,「保護者にとってもそれまでと大きく環境が変わる」ということです。我が子の小学校入学は,喜ばしく感慨深い一方で,不安や心配な気持ちも生じます。長子の保護者は特にそうです。子どもたちも「1年生」ですが,長子の保護者も「小学校の保護者1年生」なのです。
　そのため,保護者対応で基本となるのは,以下のことです。

> 　保護者の「不安・心配」を「安心・信頼」に変えられるように,保護者の気持ちに寄り添った丁寧な対応をしていくこと。

2 「保護者対応」のポイント

　私は,最初の学級懇談会で,保護者に必ず伝える言葉があります。それは,

> 　「教育」は「共育」

ということです。
　「お子様の健やかな成長を願うのは,立場が違うだけで,私(教師)も保護者の皆様も同じです。学校と保護者の皆様でしっかりと連携をとり,協力し合って,子どもたちを『共』に『育』てる『共育』を進めてまいりましょ

う。保護者の皆様，お子様が入学したばかりで，不安なことや心配なことも多いかと思います。私も我が子が１年生に入学したときはそうでしたので，お気持ちをお察しします。お一人で悩まずに，もし何かありましたら，いや，何もなくても，遠慮なく私（教師）に連絡・相談してくださいね。私も，学級だよりや連絡帳などを通して，お子様の学校での様子をたくさんお伝えしていきます。１年間，どうぞよろしくお願いします」

そう，保護者は「**子どもを共に育てていくパートナー**」なのです。特に１年生は，勉強面でも生活面でも保護者に協力していただくことがとても多くあります。保護者は，仕事や家事で忙しい中，協力してくださいます。保護者と良好な関係を築き，「共育」を心がけていくことが，保護者対応のポイントです。

３　保護者が望んでいること

保護者と良好な関係を築いていくためには，「保護者が望んでいること（保護者のニーズ）」を知っておくとよいです。「学校教育に対する保護者の意識調査」（ベネッセ・朝日新聞）に，「学校に望むこと」という設問があります。その中で，以下の３項目は，実に90％以上の保護者が望んでいることです。

・「子どもの学校での様子を保護者に伝える」
・「保護者が気軽に質問したり相談したりできるようにする」
・「学校の教育方針を保護者に伝える」

ここから見えてくることは，「保護者は，担任や学校とのコミュニケーションを望んでいる」ということです。ということは，学級だより・連絡帳・電話連絡・授業参観・学級懇談会・個人面談などの「保護者とつながるツール」を効果的に活用し，保護者とコミュニケーションを図っていく必要があります。本章では，保護者とつながるこれらのツールの活用の仕方を紹介していきます。

「連絡帳」のポイント

1 「連絡帳」で保護者の信頼を得る

　連絡帳は，担任と保護者をつなぐ一番身近なツールと言えるでしょう。連絡帳を通して，様々な連絡をし合います。使う機会が多いということは，そこで保護者の信頼を得る「チャンス」です。ポイントは以下の通りです。

必ずその日のうちに返事を書く
　保護者が書いてきた内容に関して，必ずその日のうちに返事を書きましょう。そのためには，朝のうちに全員の連絡帳に目を通し，「保護者から連絡があるかどうか」を確認する必要があります。「おうちの人が何か書いてあるときだけ連絡帳を見せてね」という指示は１年生には難しいので，「全員の連絡帳を集めて目を通すこと」をおすすめします。私は，朝登校してきた子から，連絡帳を開いて，私の所に持ってきてもらうようにしています。

信頼を得る返事の書き方
　保護者が書いてきた内容に関して，返事が「承知しました」という一言だけだと，何だかそっけない印象を与えてしまいます。忙しいとは思いますが，丁寧に返事を書くことで，保護者からの信頼を得ます。
・最初のあいさつ（「いつもご理解・ご協力ありがとうございます」）
・内容への返答（「ご連絡いただいた〇〇の件ですが，～」）
・終わりのあいさつ（「今後とも，どうぞよろしくお願いいたします」）

トラブルや困りごとへの返事
　トラブルや困りごとに関しては，連絡帳よりも電話での連絡をおすすめします。そういった用件の場合は，「事の詳細」や「どのように対応したか」

を詳しく説明する必要があるからです。また，連絡帳での返事は「後に残る」ので，中途半端な返事は書かない方が無難です。電話連絡にする場合でも，「ご連絡ありがとうございます。○○の件につきましては，今日，お電話でご報告させていただきます。よろしくお願いいたします」と，連絡帳に一筆書いた方が丁寧です。

2 「連絡帳」の工夫

連絡帳は，ただ連絡のやりとりだけでなく，様々な活用方法が可能です。いくつか私が行っている例を挙げます。

「週プログラム」（週予定）を毎週貼る

保護者に配付している「週プログラム」（p.51参照）を縮小印刷し，子どもたちに自分の連絡帳に毎週貼らせます。そして，週プログラムを見ながら，1週間の予定を簡単に説明します。1年生は，最初は週プログラムの読み方がわかりませんが，毎週説明していくことでだんだんと読み方を理解し，1週間の見通しをもつことができるようになります。

一行日記

連絡帳の最後に，「一行日記」を書かせます。たった一行ですが，「学校での様子がよくわかります」と保護者に好評です。覚えたばかりのひらがなやかたかなを使う機会にもなります。詳しくは，p.156をご覧ください。

素敵な行いの報告

その日の学校生活で，「キラリ」と光る素敵な行いがあったときは，連絡帳に書いて保護者に報告します。付箋に書いて連絡帳に貼るのも手です。例えば，「給食の時間に友達がスープをこぼしてしまったとき，サッとティッシュを持ってきて，きれいにふいてくれました」「具合が悪くて早退する友達のために，帰りの用意をして，ランドセルを保健室に届けてくれました」といった感じです。

 **「電話連絡」のポイント**

1 「電話連絡」のメリットとデメリット

　保護者とやりとりをする際，連絡帳と並んでよく使うツールが，電話です。
　電話には，以下のようなメリットとデメリットがあります。これらのメリットとデメリットを理解した上で，適切な電話連絡を心がけましょう。

〈電話連絡のメリット〉
・保護者とすぐに話すことができる。
・様子や事情を詳しく説明することができる。
・保護者の感情がわかる。
・話した内容が，文字として残らない。

〈電話連絡のデメリット〉
・仕事や家事で忙しい保護者の「時間」を奪うことになる。
・電話の対応の仕方によって，逆にマイナスの印象を与えてしまう。
　（言葉遣い・不適切な発言など）

2 電話連絡をするのは，どんなとき？

　若手の先生と学年を組んでいると，「保護者に電話して伝えた方がいいですか？」と聞かれることがあります。そういうとき，私はこう答えます。「先生がそう思うのなら，した方がいいよ。担任の先生から一本電話があると，保護者は安心するし，先生自身もすっきりすると思うよ。私はこれまで，電話をしなくて後悔したことが何回かあったからね」
　1年生は，学校で何かトラブルがあっても，それをおうちの人にうまく伝

えられないかもしれません。そして、ひょっとしたら自分の都合のいいように話してしまうかもしれません。だって、子どもですから。そういうとき、担任から一本電話を入れておくだけで、保護者は事実を把握して安心し、大きな問題や揉めごとにならないことが多いです。

　ちなみに私は、以下のようなときに保護者に電話をします。
①友達とのトラブル（人間関係・物の破損・暴力など）の報告
②学校での怪我や体調不良の報告
③泣いたり落ち込んだりして帰ったときの報告
④その子に対して気になることがあり、保護者の話を聞いたり協力を得たりしたいときの相談

3 「電話での話し方」のポイント

　良かれと思って行った電話連絡によって、逆にマイナスの印象を与えることがないよう、言葉遣いや不適切な発言に気をつけましょう。「明るい声のトーン」や「あいづち」はもちろんのこと、以下のポイントも大切です。
①はじめにあいさつをし、名前をしっかり名乗る。
　「お忙しいところすみません。〇〇くんの担任の、〇〇小の浅野です」
②用件を伝え、話をしてもよいかどうかを確認する。
　「～の件でお電話をしたのですが、今、お時間は大丈夫ですか？」
③電話を切るときにお礼を伝える。
　「お忙しいところ、本当にありがとうございました。
　今後とも、どうぞよろしくお願いします。それでは、失礼いたします」

# 「学級だより」のポイント

1　保護者は我が子の学校での様子を知りたがっている！

　ベネッセと朝日新聞が共同で行っている「学校教育に対する保護者の意識調査」において，「子どもの学校での様子を保護者に伝える」ことを望む保護者は，どの年の調査においても，95％を超えています。すなわち，保護者は今も昔も，我が子の学校での様子を知りたがっているということがわかります。

　幼稚園や保育園では，連絡帳やお便りを通して，我が子の園での様子を毎日教えてくれました。送迎のときに先生と会い，我が子の様子について話す機会も多くありました。ところが1年生になったとたん，連絡帳での毎日のやりとりもなくなり，先生と会って話す機会もぐっと減ります。保護者が我が子の学校での様子を知りたいと望むのはもっともなことです。

　そんな保護者のニーズに応える有効なツールが，「学級だより」です。

2　「学級だより」で，子どもたちの学校での様子を伝える

　私は，学級だよりを，「毎日」発行しています。ねらいは2つあります。「保護者に我が子の学校での様子を伝えること」と，「子どもたちと信頼関係を築いていくこと」です。後者のねらいについては，p.164を参照してください。

　学級だよりの内容は，「その日の子どもたちの活動の様子」（授業や生活）です。それを「写真つき」で載せることにしています。

　学級だよりのネタは刺身と同じで「生もの」ですので，新鮮なうち（でき

る限り次の日）に紹介することを心がけています。

　文章については、「少なく、読みやすく」がポイントです。子どもたちに向けた文章と保護者に向けた文章は分けて書きます。保護者が感想や意見を書けるように、「一言コメント欄」も設けています。

　これらの工夫により、忙しい保護者もサッと読めることと、毎日発行するために、作成に時間をかけない（15分以内）ことをねらっています。

私が配付していた学級だより

③ 「学級だより」を発行する際の注意点

　学級だよりを発行するにあたっては、学年の先生と管理職の了解を、事前に必ず得ておきましょう。特に1年生の保護者は、各クラスのことを相対的に見ています。「自分だけ」ではなく、担任団で歩調を合わせようとする意識が必要です。

05 「クレーム対応」のポイント

1 クレームはあって当然。保護者の気持ちや立場を理解する

　自分が親になって実感したのですが，保護者の心理として，クレームを言うのはかなり勇気がいるものです。誰だって，人間関係を悪化させたくはありません。人間関係がうまくいかないストレスたるや，大変なものです。ましてやその相手が，我が子の担任の先生であれば，なおさらです。それでもクレームを言いに来るということは，保護者としてよっぽどの思いがそこにはあるのです。

　私は，保護者のクレーム対応で，まずはそうした保護者の気持ちや立場を理解しようとする姿勢が大切であると思っています。「あの保護者は口うるさい」「クレーマーだ」とレッテルをはってしまうのは簡単です。しかし，保護者のせいにしていては，その場はなんとか収まったとしても，きっとまた同じようなことが起こるでしょう。「保護者がこうして言ってくるのは，自分にも落ち度があったのかもしれない。反省点をこれからに生かしていこう」と，ベクトルを自分にも向け，自戒していこうとする視点が必要です。

　親は，我が子のことが心配です。そして，期待もしています。そのため，主張や要求といったクレームは，誰にでもあって当然なのです。

2 「クレーム対応」のポイント

❶ 保護者の話を「傾聴」する

　まずは保護者の話を「傾聴」することが大切です。「傾聴」とは，カウンセリングにおける技法で，「相手の気持ちに寄り添って，共感的に話を聴く

こと」です。先に教師が「私は〜」と主張すると，保護者のクレームの火に油を注ぐことになりかねません。まずは保護者に，話したいことを全て話してもらいます。話し終わる頃には，思いや感情が吐き出されて，最初よりも落ち着いて冷静になるものです。そこから丁寧に説明や事実確認をしていきましょう。

❷ まずは「受け止める」

　身に覚えのないことや，理不尽なことを言われると，「いや」「でも」「しかし」と，瞬間的に反論したくなります。しかし，そうしてしまうと，保護者の感情を逆撫でることになります。反論したくなる気持ちはわかりますが，まずは保護者の言い分を落ち着いて「受け止める」ことが大切です。

❸ 具体的な解決策・改善点を提示する

　保護者の主張や要求をしっかりと聞いた上で，具体的な解決策・改善点を提示します。しかし，その場ですぐに「わかりました。では，〜します」と自分だけで判断するのは危険です。一旦話を持ち帰り，管理職や担任団と相談して判断しましょう。保護者には，「お話は承りました。管理職や学年の先生とも話し合い，後日，お返事させていただきます」と伝えます。

❹ 最後に感謝の思いを伝える

　事態が収束したら，最後に保護者に電話をかけ，次のように伝えます。
　「〜の件につきましては，〇〇さん（保護者の名前）が教えてくださったおかげで，こうして対応することができました。〇〇さん，本当にありがとうございました。もしまた何かありましたら，遠慮なくお知らせください。今後とも，どうぞよろしくお願いいたします」
　こうした「感謝の思い」をきちんと伝えることで，クレームを伝えた保護者からの信頼が高まります。教師と保護者は，立場が違うだけで，「子どもの健やかな成長を願う共育パートナー」なのです。

「家庭訪問」のポイント

1　「家庭訪問」の目的

　家庭訪問の目的は，「もし何かあったときに家庭を訪問することができるように，担任が子どもたちの通学路と自宅の場所を把握すること」です。また，入学してからこれまでの子どもたちの様子を保護者と情報交換できる貴重な機会でもあります。最近では，保護者と会わずに，担任が通学路と自宅の場所だけを確認する「地域訪問」を行っている学校も多いようです。

2　流れを決めておくとスムーズ

　家庭訪問は，年度初めに保護者と情報交換できる貴重な機会です。時間が短いため，あらかじめ以下のように流れを決めておくと，短い時間の中で有意義に話をすることができます。

❶ 保護者の話を聞く

　こちらが「話す」のは後回し。まずは以下のように保護者の話を「聞く」ことが大切です。もし保護者から質問が出たら，即答するのではなく，一度学校に持ち帰って管理職や担任団と相談し，後日返答するようにしましょう。
・「小学校に入学してから，これまでと生活スタイルが変わったと思いますが，ご家庭での○○くんの様子はいかがですか？」
・「学校でのことやお友達のことについて，○○くんから話は出ますか？」
・「おうちの方から私（担任）に伝えておきたいことや，何かご心配なことはございますか？」

❷ 学校での活動の様子や、よさ・がんばりを伝える

　保護者の話が一段落したところで、こちらから、学校での活動の様子やよさ・がんばりを伝えます。「子どもの見取りプリント」（p.152参照）が役立ちます。まだ学校生活が始まって間もない時期ですので、課題やトラブルは伝えない方が無難です。

・「△△さんは、掃除の時間に、雑巾で床をぴかぴかにふいてくれます。雑巾の使い方もばっちりです」
・「□□くんは、朝の会で、とても楽しそうに歌を歌っています。もう校歌の歌詞を覚えましたよ」

❸ お願いとあいさつをして、おしまい

　「これからも、何か気になることや心配なことがあれば、遠慮なさらず、すぐに教えてくださいね。○○くんの健やかな成長のために、おうちの方と私（担任）で連携をとり、協力していきましょう。今日はお忙しい中、ありがとうございました。これからもどうぞよろしくお願いします」

３　予定時刻を守る

　家庭訪問においては、事前に保護者に配付した予定表の時刻を守って訪問するように気をつけます。もし自分が家で待っていて、担任の先生が20〜30分遅れてきたら……。いい気はしませんよね。

　そのためには、道に迷わないように、前もって学区の下調べをしておくとよいでしょう。子どもたちに、「家の前で遊んでいてくれると助かるなぁ」とお願いするのも手です。携帯電話と学級名簿を持っていき、もし時間に遅れそうな場合はすぐに保護者に連絡できるよう備えておきます。

　また、「玄関先で話をする」（家には上がらない）「茶菓子などの接待は受けない」などの学校で決まっているルールについては、学年だよりや学級だよりを通して、あらかじめ保護者に伝えておきましょう。

 「個人面談」のポイント

1 「個人面談」の目的

　個人面談は，保護者と担任が直接会って情報交換できる貴重な機会です。個人面談を通して，その子のよさやがんばり，そして課題を保護者と共通理解することで，「共育」を進めていくことができます。

2 前もって準備しておくポイント

①もし兄弟が学校内にいる場合は，兄弟の個人面談が同じ日になるように，担任同士で調整をしましょう。1日で個人面談が終わると，保護者はとても助かります。

②当日，保護者に見せる資料の用意をしておきましょう。例えば写真・動画，学習プリント・ノート・テストなどです。私は，子どもたちとの「おしゃべりタイム」（p.154参照）を通して，「学校でがんばっていること」「楽しいこと」「困っていること」などを，あらかじめ子どもたちから聞いておきます。

③廊下で待つ保護者のための配慮をします。椅子を準備し，個人面談の予定表を貼ります。廊下に掲示物を飾ったり学習の成果物を置いたりして，自由に見てもらえるようにします。

④教室に入ってきた保護者に，「きれいな教室だなぁ」と感じてもらえるように，掃除をしておきます。ゴミはもちろん，机やロッカーの整理整頓，掲示物の乱れなどもチェックしておきましょう。

③ 当日のポイント

①座る位置は,「90度の方向」をおすすめします。「90度の方向」は,コーチングにおいて,お互いがリラックスできる座り方といわれています。お花を生けたり,落ち着いた音楽をかけたりするのも手です。

②よさやがんばりを伝える際は,「子どもの見取りプリント」(p.152参照) を参考にするとよいです。時間が限られていますので,「学習面2つ・生活面2つ」といったように,いくつかにしぼって伝えます。

③課題については,慎重に伝えないといけません。課題を伝えるのは,「その子の成長を願っているから」です。その思いが保護者に伝わるように,「誠実に」「真摯に」話をするようにしましょう。

課題の伝え方

1 「事実」を伝える

 「○○くんですが,自分の思い通りにならないときに(どんな場面なのかを具体的に説明する),友達をたたいてしまうことがありました」

2 「指導とその後の様子」を伝える

 「落ち着いてから,私と2人で話をしました。『たたく以外の方法はないかな?』と聞いたら,『一緒に遊ぼうって言う』『先生に伝える』という2つの方法に気づくことができました。その後,○○くんは,～」

3 「今後の指導方針」を伝え,「保護者の協力」を仰ぐ

 「これからも,たたいたりけったりせずに,言葉で相手に伝えたり,私に相談したりできるよう,声をかけ続けていきます。ご家庭でも,～」

---

④家庭訪問と同じく,個人面談でも「時間を守る」ことを心がけましょう。机に卓上時計を置き,保護者からも教師からも時計が見えるようにするとよいです。廊下で待っている保護者に向けて,「お時間になりましたら,ノックをしてください」という貼り紙をしておくのも手です。

「授業参観」のポイント

1 「授業参観」の目的

　保護者は，我が子が小学校でどのように学習しているのかを知りたがっています。そのため，授業参観は，保護者の期待が高い行事の一つです。1年生の最初の授業参観では，「保護者の参加率がほぼ100%」ということもあります。

　教師としては，授業参観は，保護者の信頼・安心をアップさせる大きなチャンスです。そのための授業参観のポイントを以下に紹介します。

2 「授業参観」のポイント

①私は，保護者向けに「本日の授業内容プリント」を配付しています。そのプリントには，「子どもたちの活動」や「参観ポイント」などを，わかりやすく書いています。これは，保護者にとても好評です。詳しくは，右ページを参照してください。

②子どもたちの「静」と「動」の活動を盛り込むようにします。「静」の活動は，例えば「落ち着いて話を聞く」「集中して問題に取り組む」などです。「動」の活動は，例えば「音読を発表する」「友達と話し合う」などです。この両面を見せることで，保護者は「我が子は，落ち着いて授業を受けていて，友達とも良好な関係を築いている」と安心します。

③一人一人の活躍がよくわかるようにします。例えば，「列指名」や「一人ずつ音読する」といった手立てを打ち，一人一人をクローズアップします。保護者は「我が子」を見に来ているのですから。

④保護者が授業に参加できる場面を設けます。例えば「答え合わせを保護者が行う」「我が子の発表の聞き手になる」「我が子に問題のヒントを出す」などです。

⑤教室内に，様々な掲示物や学習の成果物を用意しておきます。例えば，「作文」「絵」「観察カード」「工作」「日記」などです。棚の上に並べて置いておくだけで，保護者は興味深そうに我が子のものを手に取ります。

⑥「感想カード」を配付し，保護者の声を積極的に聞くようにしています。クラスの様子や授業についての感想や意見をいただくことで，今後の参考になります。

6月授業参観　本日の授業内容

1．授業名
　　国語「音読発表会」→「おおきなかぶ」

2．授業の流れ

子どもたちの活動	参観ポイント
1．「始まりのあいさつ」 ・日直が号令をかける。	◎日直の号令を中心に，みんなであいさつをしている様子をご覧ください。
2．「音読発表会」 ・班ごとに音読を発表する。 ①7班「あいうえおのうた」 ②1班「けむりのきしゃ」 ③5班「ごじゅうおん」 ④2班「くまさんとありさんのごあいさつ」 ⑤6班「がぎぐげごのうた」 ⑥3班「おおきなかぶ」 ⑦4班「こえをあわせてあいうえお」	◎班ごとに協力して音読に取り組んでいる様子と，友達の発表をしっかりと聞いている様子をご覧ください。
3．「おおきなかぶ」 ・音読「追い読み」 ・登場人物を検討する。 ・中心人物を検討する。（時間があれば）	◎気持ちを込めてはきはきと音読をしている様子をご覧ください。 ◎自分の考えを持ち，友達と話し合って考えを深めようとしている様子をご覧ください。

授業終了後に，4～6月の「写真スライドショー」をお見せします。

本日は，お忙しい中ご参観いただき，ありがとうございました。
この後の学級懇談会にも，ぜひご参加ください。

保護者向けの「本日の授業内容プリント」

「保護者会」のポイント

1 「保護者会」の目的

　野中信行氏と上澤篤司氏は、「保護者会の３つの役割」を、以下のように示しています。

〈保護者会の３つの役割〉
①担任の方針や願い、学校の様子を伝える場
②子育ての情報を共有する場
③保護者同士の横のつながりをつくる場

　私も、保護者会にはこの３つの役割があると思っています。この３つの役割を押さえた保護者会を実施することで、不安や心配を抱いている１年生の保護者も安心し、担任への信頼も深まっていくことでしょう。

2 「保護者会」のポイント

❶「担任の方針や願い、学校の様子を伝える場」にするために

・担任から教育方針や願いを伝える際に大切なのは、「伝える内容や資料について、事前に担任団で検討し、歩調を合わせておくこと」です。特に１年生の保護者は、相対的にクラスを見ており、情報交換もさかんです。「学年で連携をとり、協力して子どもたちの指導にあたっている」という姿勢を見せることで、保護者も安心します。
・子どもたちの学校での様子を伝える際におすすめなのが、「子どもたちの

ムービーまたは写真スライドショーを見せる」ことです。口頭で説明するよりもわかりやすく，まさに「百聞は一見に如かず」です。かわいらしい子どもたちの様子が流れると，その場の雰囲気が和みます。

❷「子育ての情報を共有する場」にするために

・「保護者同士の意見交流」の時間を設けるとよいです。3〜4人組になり，「家庭学習について」「お手伝いについて」「ゲーム・テレビについて」などのテーマを設定して話し合ってもらいます。話し合った後，出た意見を発表してシェアしてもらうのもよいでしょう。
・意見交流よりももっと気軽にできるものが「サイコロトーク」です。「夜寝る時間は？」「子育てで困っていることは？」など，サイコロで出たお題について，近くの人とおしゃべりをします。短時間で数回行います。

❸「保護者同士の横のつながりをつくる場」にするために

・1年生の保護者の中には，「知っている保護者が少なくて不安」という方がいます。そこで，ペアになっての「自己紹介タイム」を行います。子どもの写真をこちらで用意し，渡します。そして，教室を自由に立ち歩いてペアを作ってもらいます。我が子の写真を見せ合いながら，「○○の母です。○○のいいところは〜」と自己紹介をし合います。ペアを変えて繰り返し行うとよいでしょう。「我が子に関する○×クイズ」を作り，保護者同士で出し合っても盛り上がります。

❹ その他のアイディア

・座席を「円型」にすると，全員の顔を見ることができ，一体感が生まれて話しやすい雰囲気になります。「コの字型」もおすすめです。
・子どもたちに保護者会用の名札を作ってもらいます。「名前」と「メッセージ」を書き，色塗りをしてもらうと，かわいい名札ができあがります。

「通知表」のポイント

1 「これからもがんばろう！」と思える通知表に

　文部科学省は，通知表を，「保護者に対して子どもの学習指導の状況を連絡し，家庭の理解や協力を求める目的で作成するもの」と位置づけています。通知表を受け取った子どもたちそして保護者が，「よし，これからもがんばろう！」と思える通知表でありたいものです。そのために，通知表の書き方に気を配る必要があります。

2 通知表の「所見」のポイント

①所見に関しては，いつも私がしている裏ワザがあります。管理職や教務主任に，「所見を書くのが上手な先生はどなたですか？」と聞き，その先生に直接お願いをして，所見を読ませてもらうのです。自分とは違う表現方法や子どもの見取り方を発見でき，とても参考になります。

②所見に書くことは，「学習面と生活面のよさやがんばり，成長」と「これからへの期待」です。子どもと保護者が「よし，これからもがんばろう！」と思えるような文章を心がけましょう。

所見の例

　国語の「くまさんとありさんのごあいさつ」では，「くまさんは体が大きいから，大きな声でせりふを言うんだ」と，くまさんになりきって音読することができました。配り係の活動では，自分からプリントやノートなどの配るものに気づき，「どうぞ」と言いながらみんなに配っていました。優しくてリーダーシップもある○○さんは，クラスのみんなから信頼されています。２学期は，みんなをまとめるリーダーとしての役割にも期待しています。

③ 「通知表」のその他のポイント

①通知表を渡した後も，評価の判断の材料となった資料や記録は必ず持っておきましょう。保護者から問い合わせがあったときに，すぐに提示できるようにするためです。「どうしてうちの子は，生活科のここがこの評価なのですか？」と聞かれたときに，「こちらをご覧ください。～や～から，そのように評価をしました」と，資料や記録を見せながら具体的に説明できるようにしておきます。そのためにも，やはり日頃から継続的に評価していくことが大切です。

②1年生の長子の保護者は，通知表をもらうのが初めてです。学年だよりや学級だよりを通して，「通知表の見方」を前もって保護者に伝えておくとよいでしょう。例えば以下のような文面です。

　「通知表は，4月から7月までの学習面と生活面の成果やがんばりをお伝えするものです。通知表をご覧になり，まずはお子様の成果やがんばりをたくさんほめてあげてください。そして課題については，『これからここをがんばろうね』とご家庭で話をするきっかけにしてください。くれぐれも，○の数だけで一喜一憂されませんように。通知表だけでは評価しきれないよさや可能性がお子様にはたくさんあります。2学期も，子どもたちのよさや可能性を伸ばしていけるよう，担任一同協力して指導にあたっていきます」

③私は，普通の通知表に加えて，子どもたちが自分で自分を評価（◎・○・△）する通知表（「じぶんでつける『つうちひょう』」）を実施しています。項目の内容を簡単にすれば，1年生でも十分実施できます。

1	せんせいや ともだちに「おはよう」「さようなら」と あいさつが できたよ	◎
2	おはなししている ひとを みながら おはなしを きけたよ	○
3	きゅうしょくを のこさないで たべたよ	△
4	しゅくだいを わすれずに まいにち やったよ	◎

「じぶんでつける『つうちひょう』」の一部

「宿題」のポイント

1 「宿題」の基本的な考え方

　宿題のねらいは,「家庭学習の習慣をつける」ことです。学力を向上させる意味合いもありますが,基本的な考え方としては,「学力を向上させるのは,宿題ではなく,授業」です。はじめから宿題をあてにしてはいけません。

　小学生の家庭学習時間のめやすは,「学年×10分」といわれています。すなわち,1年生は「10分程度」です。中学年や高学年になってから,家庭学習の習慣をいきなり身につけるのは大変です。1年生の子どもたちは,「早く勉強したいな」とワクワクしています。「鉄は熱いうちに打て」という言葉の通り,1年生のうちに宿題を通して家庭学習の習慣をつけることが,これから6年間の家庭学習の土台となります。

2 「1年生の宿題」の例

❶ 音読

　国語の教科書や音読プリントを,保護者の前で声に出して読ませます。「音読カード」を作り,毎日の音読を記録していくと,子どもたちの励みになります。

❷ 国語と算数のプリントやドリルなど

　国語で学習した「ひらがな」「かたかな」「言葉」「漢字」,算数で学習した「数」「時計」「たし算」「ひき算」などのプリントやドリルを行います。夏休みまでは,「ひらがな」と「かたかな」が主になってくるでしょう。

❸ その他

「お手伝い」「読書」「日記」などを行います。これらの宿題は，主に週末の宿題になることが多いです（週に1回の宿題）。

3 「1年生の宿題」のポイント

❶ 保護者の協力を仰ぐ

保護者に「丸付け→間違い直し」の協力を仰ぎます。最初の保護者会で，「お子様の学習状況を保護者の皆様にも把握していただくために，宿題は保護者の皆様が丸付けをし，直しまで済ませて，提出をお願いします」と伝えます。その後は，折に触れ，「いつも宿題の丸付けと直しのご協力，ありがとうございます」とお礼を言います。また，保護者から，「宿題が多い」「少ない」という相談を受けた場合は，その子の学習状況を保護者と共通理解し，個別に対応するとよいでしょう。

❷ 宿題を忘れた場合

私は，宿題を忘れた子には，「先生，○○の宿題を忘れました」と報告させています。その上で，「明日持ってくるのか，それともその日の空いた時間にやるのか」を選択させます。その子が，「明日持ってきます」「空いた時間にやります」と「自分の口で」言えるように促します。宿題忘れがずっと続く場合は，保護者に連絡をして状況を伝え，協力を仰ぎます。

❸ 友達の宿題をクラス全体に紹介し，意欲を高めていく

宿題への意欲を高めるために，友達の宿題をクラス全体に紹介します。
このように伝え，よい影響の輪をどんどん広げていきます。
「みんな，これは○○くんのたし算プリントだよ。間違えたところをそのままにしないで，しっかり直せているねぇ。○○くん，これを繰り返すと力が伸びるね！　○○くんに拍手～！」

12 「学校内外で保護者と会ったとき」のポイント

1 自分から保護者に笑顔で声をかける

　次のような印象に残っているエピソードがあります。

　就学時健康診断の当日，PTAの保護者のみなさんがお手伝いに来てくれていました。体育館で，教員と保護者で分かれて，始まるのを待っていました。そのとき，ある先生（私の後輩です）が体育館に入ってきました。その先生は，保護者のみなさんがいるのを見ると，すぐに保護者のみなさんの方に行き，笑顔で「ご苦労様です。今日はありがとうございます」と声をかけました。そして，1～2分談笑してから，教師の方に来たのです。

　何気ない行動もしれませんが，私はそれを見て，「すごいなぁ」と感嘆しました。その先生は，きっと日頃からそうやって気さくに保護者にあいさつをし，話をしているのでしょう。その行動からも推察できる通り，保護者からの信頼がとても厚い先生でした。

　その先生のように，学校内外で保護者と会ったときには，笑顔であいさつをして自分から声をかけることが大切です。それにより，保護者は担任に親近感を覚え，信頼が増します。

　初任校でお世話になった私の尊敬する先輩は，

> 「5分のきちんとした会話よりも，30秒の立ち話を積み重ねること。それが，保護者からの信頼を得る秘訣だ」

と言っていました。

2 「保護者と会ったとき」のポイント

　保護者と会ったときに一番してはいけないことは，「保護者の存在に気づいておきながら，避けてしまうこと」です。「『見つからなかった』と思っているのは自分だけで，保護者は実は気づいていて，不快に感じた」ということになりかねません。

❶ 学校内で保護者と会ったとき

　保護者を見かけたら，「おはようございます」「こんにちは」とあいさつをします。その後，「PTAのお仕事ですか？」と聞いたり，「〇〇さん，学校でがんばっていますよ」と，その子の学校での様子を伝えたりします。保護者も，用事があって学校に来ています。長々と話すのではなく，少し話したら，「では，また」とサッと切り上げるとよいでしょう。話すときのポイントは，「笑顔で，にこやかに」です。

❷ 学校外で保護者と会ったとき

　学校外，例えばショッピングセンターや行楽地などには，保護者も家族と一緒に来ているものです。保護者の「家族の時間」を邪魔しないように，「こんにちは」とあいさつをして，「お出かけですか？」と軽く声をかけるだけにします。「笑顔で，にこやかに話す」というポイントは変わりません。

【著者紹介】
浅野　英樹（あさの　ひでき）
香川県出身。千葉県公立小学校教員。米国在外教育施設での勤務や千葉大学教育学部委託研究生（国語教育学）としての勤務を経験。「子どもたちとの良好な信頼関係の構築」を第一に考え，日々子どもたちと向き合っている。

〔著書〕『授業をアクティブにする！365日の工夫　小学２年』（明治図書）

〔共著〕『いじめに強いクラスづくり』『信頼感で子どもとつながる学級づくり』『クラスがまとまる！協働力を高める活動づくり』『ＴＨＥ　学級開きネタ集』『ＴＨＥ　国語科授業開きネタ集』『学年別学級開き＆学級じまいアクティビティ50』『小学校学級開き大事典』（以上，明治図書）など多数。

〔その他〕2018年度『授業力＆学級経営力』（明治図書）にて，「今月の学級経営ネタ」を年間連載執筆。『教育技術』（小学館），『教師のチカラ』（日本標準）などでも記事を執筆している。

〔本文イラスト〕木村美穂

学級経営サポートBOOKS
「小１担任」パーフェクトガイド

2019年２月初版第１刷刊　Ⓒ著　者	浅　野　英　樹	
2023年１月初版第５刷刊　　発行者	藤　原　光　政	
発行所	明治図書出版株式会社	

http://www.meijitosho.co.jp
（企画）及川誠（校正）西浦実夏・杉浦佐和子
〒114-0023　東京都北区滝野川7-46-1
振替00160-5-151318　電話03(5907)6703
ご注文窓口　電話03(5907)6668

＊検印省略　　　　組版所　株式会社カシヨ

本書の無断コピーは，著作権・出版権にふれます。ご注意ください。

Printed in Japan　　　　ISBN978-4-18-165211-1
もれなくクーポンがもらえる！読者アンケートはこちらから→